古墳私疑

ーアマにはアマの視点・疑問があるー

井戸　清一

浪速社

―『古墳私疑』目次―

目次

装幀・カバーデザイン／マツダツトム

第1章
黒塚で考えたこと

■加熱したマスコミ報道

1998年1月まだ松の内の10日、各新聞は大きな活字の見出しが躍った。

32面の三角縁神獣鏡※が、黒塚で発見されたことを伝えている。

同日の朝日新聞には『奈良で32面　邪馬台国論争にも一石　大和王権の地で初「卑弥呼の鏡」何映す』

産経も『三角縁神獣鏡大量32面　ヤマト政権中心地で初「卑弥呼の鏡」邪馬台国論争に波紋　国産か中国産か論争の材料広がる』

毎日すら『奈良・黒塚から「卑弥呼の鏡」三角縁神獣鏡32枚出土　枚数最大　邪馬台国大和説強まる』

読売にいたっては『三角縁神獣鏡32面出土　邪馬台国畿内説を補強　卑弥呼に下賜の一部か　畿内説「これで王手」卑弥呼照らす鏡 鏡 鏡』

神戸新聞も『卑弥呼の鏡32枚出土　邪馬台国畿内説が有利に』

おそらく全国各紙とも、同じような報道がなされたことだろう。「見出し」を読む限りでは「邪馬台国は畿内、ヤマトの地で決まった」そんな印象をうけるが、そのような印象を与えてよいものだろうか。

加えて鏡を中国産とする近藤喬一・山口大教授、水野正好・奈良大学長、田中琢・国立奈良文化財研究所所長が、対して国産派は森浩一・同志社大教授、石野博信・徳島文理大教授、菅谷文則・滋賀県立大教授などをはじめ自他ともに認める第一人者が熱いコメントを述べているが、決定的なことはいづれとも断言できない。

300年つづく邪馬台国所在地論争は「卑弥呼に贈られた親魏

倭王金印」がその地から出土したものならともかく、32面の鏡だけで決着がつくものだろうか。
またこの偏向？報道の通り、これが卑弥呼をうつした鏡とは疑問があり、そうとは言い得ない。

報道機関に対する発掘成果の説明会は通常数日前に行なわれ、取材記者が書いた原稿はデスクを経て出稿、整理部員によって見出し、記事量、写真、掲載面、レイアウトが決まり新聞ができる。
整理部員は直接取材執筆しないが、幅広い知識、ズバリと要約する文章力、判断力が求められる。名刺に「記者」の肩書を刷り込んでいるのは整理部員の職務とプライドであり、見出しに各社それぞれ若干相違するのはそのためである。
同じ新聞社でも発行本社ごとに差があるだろう。その事実をうけとめる地域の意識の差、例えば北海道と九州では、地域感覚に差がある。各紙が大阪版と同じ見出しの新聞を、各地発行本社で発行したとは思えない。
また発掘にたずさわりマスコミに説明する担当者の考え方、信条、見解があると思う。

■三角縁神獣鏡はなに？

黒塚の発掘調査は「ヤマト古墳群調査委員会」があたり、その委員長は樋口隆康氏、橿原考古学研究所所長であり、三角縁神獣鏡の中国産説の旗頭でもある。
かつて中国・王仲殊氏が「三角縁神獣鏡は中国呉からの渡来人が日本の国内で造った」と発表して賛否両論が沸騰した。樋口氏の反論は強く、氏が館長を務めていた泉屋博古館の三角縁神獣鏡には「舶載※」と明記してあった。

そして黒塚の発掘調査は、同じ橿原考古学研究所・河上邦彦調査研究部長（現・副所長）があたっている。

同年4月に開催された「黒塚発掘によせて大和政権中枢の古墳を語る」ゼミナールで同氏から「三角縁神獣鏡は国産、葬具用」と聞いたが、改めて今回も「ヤマト政権が造りだした鏡に相違ない。ヒミコの鏡などということはあり得ない」と断言し、それに先立って発見直後にも「邪馬台国をうけついだ大和政権が中国の風習をまねて臣下に与えた葬式の道具」と国産説を述べている。(同年1月11日　産経・神戸新聞)

橿考研には研究者が各自の説を展開できる雰囲気があり、トップがこうだからみんなそれに倣う、という空気はないようだ。研究の成果に従う、自由闊達な環境が察しられる。

が、マスコミへの発表とそれをうけとる側に「邪馬台国畿内説」の偏向があった、と思えるがどうだったろう。

あるいは記者に「邪馬台国は畿内」の先入観があるのか「畿内であって欲しい」願望があるのか、当然畿内との思い込みがあるのかもしれない。

黒塚についてのマスコミ関係説明は9日に、一般を対象とした現地説明会は17・18両日に行なわれた。

■現地説明会

神戸市東灘区に、古墳時代中期前半の西求女塚がある。地震で石室が崩壊したことが幸いして、盗掘を免れていた。

1993年7月「西求女塚　卑弥呼の鏡7面」「わぁー出た、謎の三角縁神獣鏡」追いかけてコラムにも「邪馬台国探し、新たな論争も（神戸新聞）」「出土した7面は卑弥呼の鏡？（産経）」一斉に考古への関心興味をあおりたてた。

西求女塚の東西20km圏の人口は200万はあるだろう。神戸の街は東西があって南北がない。1993年7月11日の現地説明会はかなりの人出を予測していたが、やはり石室に達するまで40分間、出土品展示会場へは更に20分間並んだ。

子供づれの主婦を大層多く見うけたが、高松塚の発見以降急速に古代への関心が深まっている。卑弥呼の文字がひきつける魅力もあるためだろう。いい傾向だ。

「卑弥呼の鏡」？7面

西求女塚古墳

神戸で

神戸市灘区都通三にある前方後円墳、西求女塚（にしもとめづか）古墳から、邪馬台国の女王・卑弥呼が中国から下賜された鏡との説がある三角縁神獣鏡が七面も発掘され八日、神戸市教委が発表した。三角縁神獣鏡がまとまって見つかった数としては全国でも三番目。古墳時代の初め、鏡を同盟関係の証として配布した人物の墓とされる椿井大塚山古墳（京都府山城町）で出土した鏡と同じ鋳型で作られたものも三面含まれ、邪馬台国畿内説の新たな手がかりとしても注目されそうだ。（社会面に関連記事）

西求女塚古墳は全長約百十㍍。公園整備に伴って後円部を発掘調査したところ、地震で崩れ落ちた竪穴式石室が確認され、七面の三角縁神獣鏡のほか五面の中国製と見られる銅鏡、鉄剣の断片や土器など数十点の遺物が発掘された。

三角縁神獣鏡は二面は破片だったが、残る五面はほぼ完形。直径一九・八㌢—二二・五㌢。あざやかな緑青色をしており、「吾作明竟（鏡）」など、よく見られる銘文があった。また三面の鏡には繊維が付着、布でくるんで副葬していたことがわかった。

西求女塚はこれまで、

1993年7月9日　産経新聞

あれほど印刷・電波マスコミが報道した黒塚の現地説明会は、かなりの混雑を予想したが、交通不便、厳寒の最中でもあり、精々西求女塚程度かな、と勝手に予想して出かけたところ、ＪＲを降りて驚いた。

列にそって最後尾に辿りつくまで、くねくね曲がる長蛇の列はＪＲ駅からも700～800mはあったろう。聞くともなく聞こえる会話の端々に、多くの方々は「古墳を見るのは初めて」のようだった。

黒塚を囲む池のそばまで140分、そこから更に40分、やっと石室を覗き込んだ頃は、暮れの早い冬の日がとっぷり暮れた

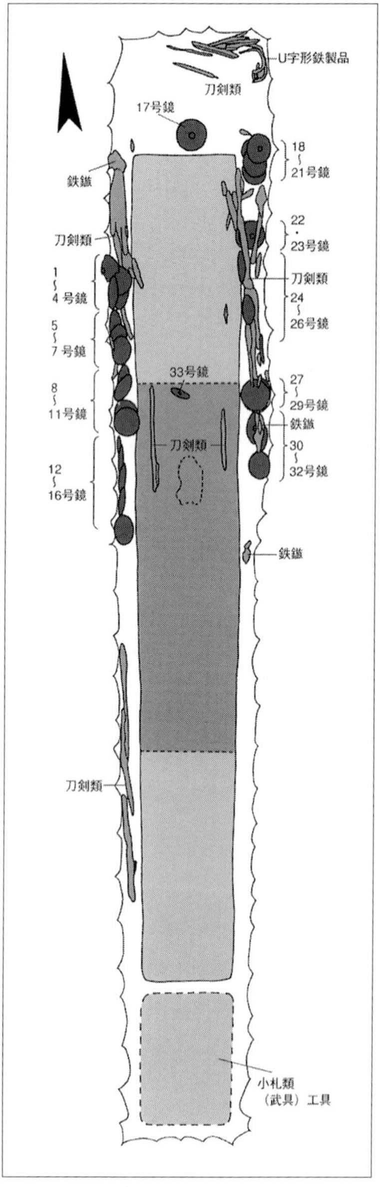

遺物出土状況（現地説明会資料）

17時過ぎ。係員の「立ち止まらないで！　急いで！」の声に追いたてられてはじっくり観察どころでない。

裸電球に照らされた石室周囲を2〜3周するのが関の山。3時間も並んでやっと1分間、その間も幾度か係員に追いたてられる有様で、写真はとても撮る状態ではなかった。

僅か1分間程度覗きこんだ石室の両側に無造作に置かれた三角縁神獣鏡の印象が、全く異状に感じとれた。

それはキチンと貴重品を並べたものでなく無雑作に放置された状態で、あまりにも乱雑な扱い！の印象をうけた。

17号鏡、画紋帯神獣鏡は棺内の頭の位置に近く立て置かれていたが、三角縁神獣鏡はすべて棺外、一部は重ねた形で乱雑に並べられている。

中国より下賜され海山幾千里、命がけで持ち帰り盟主が同盟の印に分与した

「本当に貴重品」であるならば、もっと取り扱いが丁重であるべきだろう。

なんとも不可解な思いの疑問が湧いたが、このような乱雑な取扱いはここに限らず徳島・宮谷古墳でも「被葬者の棺内に納められたのは径7.3cmの重圏文鏡と、剣、斧などの鉄器で三角縁神獣鏡は前方部先端に無雑作に置く形で土がかかっていた」(森浩一、This is 読売、1998年)

宮谷古墳に葬られた首長に対する葬送儀礼の場合も、三角縁神獣鏡は重んじられていなかった。

このような例は数多くみられ、中村潤子氏は「遺跡の中から三角縁神獣鏡を見ると、古代探求、1998」で多くの例をあげ『舶載三角縁神獣鏡が仿製鏡より丁重に扱われている例は少ないといわざるを得ない。そして、中国鏡といわれてきた銅鏡には日本製が相当含まれているという指摘が正しければ、仿製鏡が「舶載」三角縁神獣鏡より優位にある例はさらに増えることになる。つまり魏より下賜されたと一部でいわれる銅鏡が仿製鏡と同じかそれ以下の扱いをされている。黒塚での大量出土も、この鏡がありふれたものであることを示唆している』と極めてすぐれた見解を述べている。

まことに当を得た意見と考えられる。

■舶載への疑問

三角縁神獣鏡は今まで約500面も出土しており、半数以上が近畿地方から、ついで九州で90余面、中国、中部でそれぞれ約50面、関東18面、四国12面、東北は1面が知られ、その多くが古墳、即ち墓所からの出土である。

そして鹿児島、長崎、高知、東京、埼玉、栃木から出なかったようだが、中国、朝鮮の玄関口の壱岐対馬からも発見さ

朝日新聞　1996年（平成8年）9月20日　金

最古の「船着き場」跡

「一支国」の原の辻遺跡　倭人伝の記述裏付け

長崎・壱岐

中国の史書「魏志倭人伝」に記されたクニのうち「一支国（いきこく）」の中心集落と確認されている長崎県の離島、壱岐にある原（はる）の辻遺跡で、日本最古と見られる大規模な「船着き場」の遺構が見つかった、と同県教委が十九日発表した。弥生時代中期前半（紀元前二世紀後半）のもので、高度な土木技術力に加えて、舟を使って物や人を島の内外に運んだことを示すもので、同県教委や専門家は「南北に交易する」と「倭人伝」が記した弥生時代の人々の経済活動を具体的に裏付ける施設が初めて見つかったことになるとしている。

県教委文化課によると、船着き場跡は遺跡の北側で三重環濠（かんごう）の外濠の近くにある水田から見つかった。堤防は東西の両側にそれぞれ、高さ二㍍と同一・五㍍のものがあり、「コ」の字形。奥行きは約十二㍍で、幅は、[illegible]が約七

発掘された弥生時代中期前半とみられる船着き場の遺構＝19日、長崎県壱岐・原の辻遺跡で

1996年9月20日　朝日新聞

れていない。

壱岐は中国の正史、いわゆる魏志倭人伝※にいう「一支国」対馬は「対海国」で「ともに南北に交易する」と記されている。

壱岐・原の辻遺跡から弥生中期前半、日本最古とみられる「船着き場遺構」が1996年に発見され、BC2世紀後半すでに船による経済活動が行なわれていたことを、具体的に証明したことになっている。

対馬・峰町には弥生時代の中心都市的な遺跡があり、対馬壱岐には北からの青銅器、剣、角形銅器など多種多彩、対馬からは九州産（伊都か）の銅剣類が100本以上も出土しているが、三角縁神獣鏡はまだ発見されない。

同じように高知・田村遺跡は吉野ヶ里、妻木晩田遺跡と並ぶ国内最大級の遺跡で、紀元前3世紀～紀元後2世紀に千人規模の集落であった。高知にも高度な弥生文化が咲いていた。が、三角縁神獣鏡は発見されていない。

対馬、壱岐の地は中国、朝鮮半島からの往来に必ず通る経路でありながら、全く三角縁鏡の出土がない。倭人伝に「金印紫綬を仮す。封装して……」とある通り完全パッケージで、銅鏡100面のほか数々の財宝を授けたことが分かる。

国内では既に「卑弥呼が魏から送られた100面」の5倍も数える三角縁神獣鏡が発見されていることから、鏡の舶載説、中国製をとる方々は、その後も引き続いて中国から多数の鏡がもたらされたと説くが、そう説かねば辻褄が合わない。

239年に引きつづいて243年、247年と朝貢がつづき、また卑弥呼を継いだ台与も266年に使いを派遣したが、その都度多数の銅鏡が下賜されたとしても証明はできない。仮説である。

壱岐、対馬ともに「大官を卑狗といい副を卑奴母離という」とある。…彦と夷守《ヒナモリ》で、邪馬台国辺境の出先業務のほか中国、朝鮮文化流入の玄関口になっていた。

文化流入の重要な位置で相応な人物が派遣されていたことは、両島の遺跡遺物が如実に物語り、この地と邪馬台国またヤマトが極めて深い関係にあったことは判るが、三角縁神獣鏡は一面すら分与されていない。

■黒塚出土鏡の同範

黒塚は広域の大和古墳群の中央部よりやや北、3世紀末ごろの築造とみられる。

埋葬されていた32面の三角縁神獣鏡のうち27の兄弟鏡※は群馬→宮崎の間の15府県に及び、極めて広い範囲に分布している。

前記、神戸西求女塚は4世紀はじめの築造であるが、ここにも兄弟鏡があった。そして椿井大塚山の9種10面が最も多い。

京都府南部、奈良県と境を接する山城町椿井大塚山から32面の三角縁神獣鏡が出土し、その兄弟鏡を追跡し分布関係を明らかにした小林行雄氏が「大和政権が各地の王に三角縁神獣鏡を与えた」との説を唱え、それが主流になって今もなお脈々とうけつがれている。

しかしその分布図を眺めると、少し疑問も湧いてくる。

黒塚の兄弟鏡は京都15、兵庫7、奈良・福岡5、滋賀4、岡山・大阪・岐阜・静岡各3、愛知・群馬・徳島・香川・宮崎・広島各1に及んでいるが、大和と東国を結ぶ要路三重、愛知、また愛媛、大分がゼロである。

関係の深い出雲もゼロで、ヤマト政権が下賜するには少し偏向がみられる。

ヤマトが下賜したというより、力を持ちはじめた地方首長からヤマトが召しあげた、上納させた、そのため山城、ヤマトに集中した、とする説も一部で支持されている。が、いまその傍証が少ない。将来新しい発掘、発見があれば、この説が再浮上し検討されるようになるだろう。

■伊都国の鏡

平原、三雲遺跡※のある前原市は倭人伝にいう伊都国で「人家千余戸の都市、代々の王と2名の長官、副長官及び帯方郡の郡使が駐在し」邪馬台国を構成する重要なクニのひとつであった。

伊都国の中心・平原三雲遺跡は1964年、故原田大六氏が調査し、弥生後期までの3代の王墓、漢字の書かれた3世紀後半土器などをはじめ、径46.5cm・7.95kgの超大型内行花文鏡4面のほか中国製とみられる鏡計40面、さらに玉類などの装身具を出土している。

JR前原駅前のすぐ近くにプレハブの資料館があった1980年のはじめ頃、この鏡をジックリ拝見したが、それは言葉を失うほどすばらしい鏡で、2000年もの昔、こんな鏡を作った人々の技術力に驚いたことがつい先日のように思い浮かぶ。

調査発掘から40年近くを経た2000年12月、東アジアの古代文化を考える大阪の会で、森浩一氏から「調査報告書が完成した」と伺ったが、その報告書はいずれ出版されるだろう。そのときは入手できる。

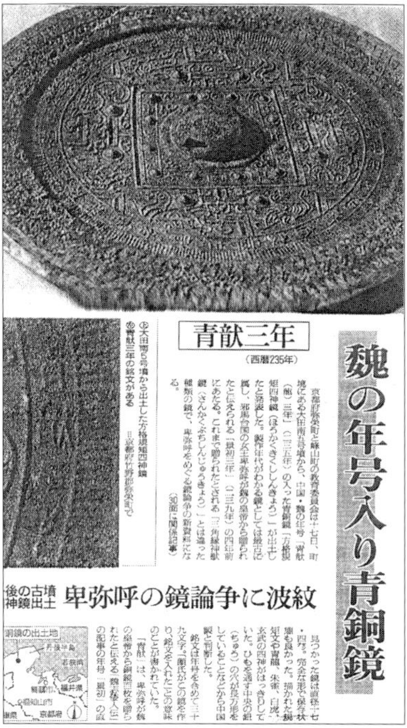
魏の年号入り青銅鏡

青猷三年

（西暦235年）

京都府弥栄町と峰山町の教育委員会は十七日、町境にある大田南5号墳から、中国・魏の年号「青猷（龍）三年」（二三五年）の入った青銅鏡「方格規矩四神鏡（ほうかくきくししんきょう）」が出土したと発表した。製作年代がわかる鏡としては最古に属し、邪馬台国の女王卑弥呼が魏の皇帝から贈られたと伝えられる「景初三年」（二三九年）の四年前にあたる。これまで贈られたとされる「三角縁神獣鏡（さんかくぶちしんじゅうきょう）」とは違った種類の鏡で、卑弥呼をめぐる鏡論争の新資料になる。（30面に関係記事）

㊤大田南5号墳から出土した方格規矩四神鏡　㊦青猷三年の銘文がある　＝京都府竹野郡弥栄町で

後の古墳 神鏡出土　卑弥呼の鏡論争に波紋

見つかった鏡は直径十七・四センチ。完全な形で保存状態も良かった。描かれた規矩文や青龍、朱雀、白虎、玄武の四神がはっきりしていた。ひもを通す中央の鈕（ちゅう）の穴が長方形をしていることなどから中国製と判断した。

銘文は年号を含めて三十九文字。「顔氏がこの鏡を作り、銘文を入れた」との意味のことが書かれていた。

「青猷」は、卑弥呼が魏の皇帝から銅鏡百枚を贈られたと伝える「魏志倭人伝」の記事の年号「景初」の直

1994年3月18日　朝日新聞

しかし2000年3月、福岡県教育委員会文化財保護課長・柳田康雄氏が、『従来4面とされていた超大型内行花文鏡の5枚目が確認され「大宜子孫」銘は中国では産出されていない。中国製とみられていた方格規矩四神鏡もスが入り技術が劣ることや文様が雑なこと、中国に類例のない「陶氏作鏡」の銘文があることなどを挙げ、「中国渡来人やその子孫が造った可能性がある」と国内で生産された』との見解を発表している。

また同時に卑弥呼の鏡ではないかと話題になった「大田南5号墳（京都）」や大阪・安満宮山「青龍三年銘方格規矩四神鏡」も平原出土鏡との類似から仿製鏡とみている。

学界に大きな話題を投げかけたが、大阪地区の新聞報道は一部夕刊に報じられただけだった。

前記「東アジアの会」で森浩一氏は要約次のように話した。氏の語りはポツリポツリで筆記しやすいが、誤りがあるとすれば私の筆記ミスである。

「伊都国・前原市には弥生最後の王墓がある。鏡40面を出土した平原の報告書は秋に出た。責任者原田大六さんは報告書のできる前になくなった（ユーモラスに氏との逸話を交えながら）が、前原市教育委員会は原田さんが掘れなかった周囲まで掘り、原田さんの遺志を継いで立派な報告書を作った。

47cmの鏡は四面といわれていたが五面になった。方格規矩四神鏡を従来は後漢鏡といっていたが、10年前熊本が招待した中国の権威王志林さんに「平原の鏡」を見てもらったが一見して『日本ではこんなものを中国鏡というのか』と言った。

銘文は入っているが40面の鏡は全て国産鏡・三角縁鏡の一時代前、弥生の終わりに伊都国で作られたもの。

椿井大塚山の報告書は昨年出ているが、研究が以前から進歩していない。山城町教育委員会はもっと言うべきだ」明解な講義だった。

■疑問の紀年鏡

前記、森浩一氏の講話で聞いた「椿井大塚山調査報告書」もいずれそのうち出版されるだろうが「研究が以前から進歩していない。山城町教育委員会の調査が反映されていない」ということであれば、その内容は「椿井大塚山と三角縁神獣鏡・京都大学付属博物館1989」「三角縁神獣鏡綜鑑・樋口隆康1993」さらに「古鏡・小林行雄1969再版・学生社」とその主旨・主張が大きく変わっていることはないだろう。

上記の「椿井大塚山と三角縁神獣鏡」と「三角縁神獣鏡綜鑑」には共通する引用資料があるようだが、三角縁神獣鏡は

即ち

（1）特別な体制で製作された規格品である。

（2）時間の経過をうかがえる形式変化がある。

（3）国産鏡とは明瞭に区別できる。

と3点をあげて、卑弥呼に贈るため魏が特別に鋳造した特鋳説を支持し、また景初三年鏡、正始元年鏡の形式が初現的で、三角縁神獣鏡製作の契機が、景初三年の卑弥呼の朝貢にあったとする想定（近藤喬一1983）説を裏づける、としている。

大家、権威者と認められる研究者の高説に対し、疑問を呈するのはこだわりがあるものの、あえて考えていたことを記してみたい。

景初三年鏡、正始元年鏡という表現は、その年に鋳造されたという確実な証拠は確認されていない。想定推定の段階では「景初三年銘鏡」とすべきであると思う。当然なことだ。

また銘文の分類も従来から明細な研究がされており、その内容は述べるまでもないが、銘文には「長寿多子孫」「保子宣孫長寿」「寿金石」「千秋万歳不知老」「宣遠道相保」「君宣高官」「天王日月」など結構な吉祥文や「陳是」「陳氏作」「吾作」「尚方作」など作者名か鋳造工房名が残されている例が多い。

我が国にもたらされた最初の在銘器物は、漢・光武帝から紀元57年に贈与された有名な「金印※」である。

それには「漢の倭の奴の国王」と明確に漢の国名が記されている。

卑弥呼は親魏倭王に列せられ「金印紫綬」をうけたが、その金印には「親魏倭王」と刻まれていた、と大勢の見るところで、魏の国名がここにも明確に刻まれていた。

時代は少し下がり、中国製ではないが石上神社に伝わる七枝刀には「百済王の世子奇生観音、故に倭王旨の為につくり……」の銘文がある。

古代中国の帝位にある王が外国に特別の品を作り贈るとき、その旨を記入するのが通例であろう。

下賜する品に下賜する主旨も刻まず『この鏡を所持すれば「位至三公」「寿如金石」「保宣子孫」「千秋万歳不知老」「令人長命多子孫」』などで終わらせるだろうか。

銅鏡百枚とともに数々の貴重品を下賜したおり「悉く以て汝が国中の人に示し、国家汝をあわれむを知らしむべし。故に鄭重に汝に好物を賜うなり」と「国内の人に知らせよ」としている。

もし卑弥呼のための特鋳であればその鏡に、吉祥の「よいしょ」文字を鋳出しただけで「あとよきに計らえ」とは到底考えられない。当然「魏の皇帝が倭のために」とか「卑弥呼のために特に……」の文字が刻まれたハズであろう。

また中国雲南省より出土した前漢代の金製蛇鈕「填王之印※」には与える王の名が、そして奴国王が光武帝より金印を下賜された翌58年、光武の子が江蘇に移封されたおり下賜された亀鈕金印にも「廣陵王璽」と名前が明らかにされている。印だから名は当然、ただそれだけのものではあるまい。

もう一例、奈良・東大寺山古墳※から出土した鉄刀の金象眼文字は「中平□□」以下の文字が訓読で「中平□年五月丙午に、文刀を造作す。百練し清剛。上は星宿に応じ……」と判読できるが、ここにも倭国に渡った経緯の記述はない。

中平年間は184～189年の6年間、東大寺山古墳が築造されたと考える4世紀後半まで、約200年間も伝世されたことになる。

どのような経緯でここに埋葬されたか不明だが、もし仮に倭国王に渡すことを目的に作ったものであれば、当然何らかの文字が刻まれたはず。

それがないのは、倭に賜うことを目的に作製したものではない。そういうことではなかろうか。

■弥生時代に鋳銅技術があった

中国から「三角縁神獣鏡」が一面も出土しないこと、中国出土鏡には見られない「笠松文様」があること、中国出土鏡の2倍に近いジャンボサイズであることなどなどが舶載鏡説の弱点である。

「中国はまだ発掘調査が進んでいない。そのうちドーンとでてくる」と本気か冗談かわからぬ口調で話す学者もいるが、これなどは論外。考古学は出土した遺物に歴史を語らせる学問、と承知しているが、全く見通しのたたぬ仮説を定説にすりかえる、そんなことがあっていいわけがない。

橿原考古学研究所付属博物館に銅鐸※が展示されて、澄んだ音色、弥生の音を聞かせてくれる。堺市・三宝伸銅が製作した、と記憶するが現代の技術をもってしても、大層むつかしかった、と聞いている。

2000年11月、NHK-TVで熟練金属工が銅鐸製作に挑む放映があった。その作り方に随分と苦労を繰り返したそうだ。なにかの都合で一部しか見られなかった。

袈裟襷文銅鐸（天理参考館所蔵）

ともかく現代の技術でも、銅鐸製作は容易でない。弥生時代我が国の金属鋳造は、現在我々が考える以上に高度な技術をもっていた、と見ていいんではなかろうか。

長年鏡の研究者が言うことだから信じなければならぬだろうが、見た目のいい、出来のいい鏡は中国製、仕上がりの劣るものは国産、と単純に区別していいものではない。

銅鐸製造に渡来人の助力がどれくらいあったかは分からないが、高さ1mを越え厚さを数mmに薄く仕上げる技術力の下地が、鏡の製作技術に生かされ応用されたであろう、そのことが全く考慮されていない。

また平原遺跡の径47cmの鏡を、見事に造った弥生人の技術も評価されていない。

銅鐸は国内で造られた。そのすぐれた技術力に渡来人の指導があれば精巧な銅鏡製作も可能、さほど困難なことではないだろう。

■中国鏡説への疑問

「1988年・奈良国立博物館、発掘された在銘遺宝展」図録をたよってもう数例をあげる。

和泉黄金塚で、戦後間もない頃、学術調査で「景初三年銘神獣鏡」を発見している。当時の人々はまだ貧しく、その日の暮らしに追われていた。現在なら世の中が沸騰する大騒ぎになっただろう。「景初三年陳是作銘銘之保子」と読め「銘銘」は「鏡」の誤字ではないかと見られる。中国鏡にも誤字がある。まして卑弥呼に賜うため誤字のある銅鏡を特鋳したとは考えられぬことである。

神原神社古墳から出土した「景初三年銘三角縁神獣鏡」には「景初三年陳氏鏡を作る。之を銘すれば子を保ち孫に宜し」と読め、倭に賜う文字は見当たらない。

ここは銅剣358本も埋納されていた荒神谷、32の銅鐸が発見された加茂岩倉に近く、銅剣、銅鐸の製作地はまだ明らかでないが銅器文化の先進地である。

河川改修工事で発見された石室は、神社境内に移されていた。

割石を持ちあげた石室は、黒塚石室をのぞきこんだ折に、フトここを連想した。紀年鏡は上記2面のほか

※景初四年銘盤竜鏡（4世紀・京都・広峰15号墳。同笵・辰馬考古館蔵）

訓読みで　景初四年五月丙午の日、陳氏鏡を作る。以下吉祥文で特鋳をうかがえる文字は見当たらない。

景初四年は実際には存在しない年号で、「魏が倭に下賜するため予め作っておいた鏡を、そのまま渡した」といかにも苦しい説明がなされている。

神原神社竪穴式石室

神原神社古墳出土　景初三年銘
三角縁神獣鏡（出雲風土記の丘）

面子を重んじる中国が、しかも権勢を示さねばならぬ中国王朝が、皇帝の死去によって年号が変わった事実がありながら、実在しない年号の鏡をそのまま授ける、とは考え得ることではない。

広峰出土鏡で不明であった文字は、他所で出土した同笵鏡で補完して判読できたが、最初の文字「陳」が逆字。中国鏡と見なすには、この誤字は考えられないことだろう。

※正始元年銘神獣鏡（4世紀、高崎市柴崎古墳。同笵山口県竹島古墳、兵庫県森尾古墳）

「□始元年陳見作」の□は正と読まれているが、28文字に誤字が混入している。

※赤烏元年銘神獣鏡（四世紀、山梨・鳥居原古墳）

29文字のうち12文字が判読できぬほど鋳上がりが余り良くない。腐蝕もあるだろうが不明な文字が多い。

※赤烏七年銘神獣鏡（4世紀、兵庫・安倉古墳）

全文の判読ができぬほど、鋳上がりがよくなく、鳥居原出土鏡と同じように、呉の年号を鋳出している。倭は魏と親交があり文物を得ていたが、魏と敵対関係にあった呉とも、地方の小首長は独自に交渉ルートをもっていた。その証のひとつでもあろうか。

紀年鏡を中国産とする意見が大勢を占めているが、紀年鏡を含み舶載鏡とされている鏡でも、全てが優れた作品ばかりでない。1500年以上も地中にあって腐食し、文字の判読が難しくなることもあるだろうが、そればかりでなく鋳造のよくないもの、誤字もある。反面国産鏡にも優れた作品もあり、それを生み出す素地、技術の裏付けもあった、ということを認識する必要がある。

従って、中国紀年鏡を全て「中国産・舶載鏡」とすることに納得しがたい。

従来から「中国産鏡」とされている鏡について、数点の疑問を挙げてみた。

1）埋葬の取扱いが「貴重な鏡」として粗略である。

2）発見されるのは、ほとんど古墳、すなわち墓所の葬具。明器である。

3）三角縁神獣鏡は中国では全く発見されていない。日本では前期末古墳以降即ち3世紀後期～4世紀である。

4）中国鏡には類例のない「笠松文様」、日本出土鏡の独自のデザインがある。

5）銘文の文字に間違いがある。また、仕上がりが良い、とは限らない。

6）現存数が多すぎる。現存数の数倍も移入したものだろうか？　その証はない。

7）特鋳説があるが、倭国、卑弥呼に関する字句がない。特鋳であればその旨があるはず。

8）弥生時代、既に銅鐸を製作した高度な技術力が評価されていない。

9）径20cm以上が多く、中国鏡と全く異なるジャンボサイズである。

10）卑弥呼の時代、即ち2〜3世紀中ごろまでの大和からは、全く発見されていない。

11）当時国産の銅はない。すべて中国、半島からの移入品で、銅の原産地はイコール生産地ではない。

浅はかな意見、と一笑に付されるかも知れないが、黒塚現地説明会で「三角縁神獣鏡は果たして中国鏡と考えてよいのだろうか」と思い、疑問を辿るうちに、国産鏡に辿りつく結果になった。単に鋳造がよい、文様が鮮明という理由で中国産鏡、と決めつけることには賛同できない。

興味深い記事が、98年11月2日の産経に載った。

「黒塚古墳出土の鏡　橿考研が精細計測　中国製それとも日本製　論争決着に期待」黒塚だけでなく、他の古墳で出土した三角縁神獣鏡も、三次元レーダー装置を使った精密計測できめ細かく調べ、千分の一ミリ単位で計測しデータ化することで、製作地特定につながる研究方法として注目される。という報道であった。

これはスゴイ。これで長年の論争に対し科学的に決着がつく。中国産と決まれば日本製を唱えた学者が、また国産となれば頑固に中国製舶載を主張した研究者が、どう説明するだろうか、と期待したが残念ながらその後の報道には気付かなかった。

河上邦彦氏の「三角縁神獣鏡は国産、古墳の葬具」との言葉を、いまさらのように思い起こしている。

■思い起こしたことを追記する

1982年9月12日、大阪国民会館で開催されたシンポジウム「邪馬台国の謎を解く」で、小林行雄氏がはじめて公的に王仲殊「三角縁神獣鏡、日本国内製説」に反論した。その要旨をメモっているが、魏製作説の根拠に「鏡の乳」という突起は鋳型に鏡の文様を刻むとき、文様の割りつけが簡単にできるようにした目安で、原型鏡の文様を十文字に分割し、この分割線を基準に模作や模様の拡大作業をした。「乳」は単なる飾りでなく、この工夫によって製作が容易になり不馴れな工人でも製作できた。短日間に卑弥呼に下賜する鏡を多量製作することが容易になった。

三角縁の「縁を高くすることは大きいことを強調するためだ」「三角縁神獣鏡が卑弥呼に贈られた鏡であり、だから中国では出土しない。その多くが見つかっている畿内に邪馬台国があった」と畿内説の大きなよりどころを改めて強調した。

氏の謦咳に接したのは、この一回きりだった。

三角縁神獣鏡

三角縁神獣鏡とは

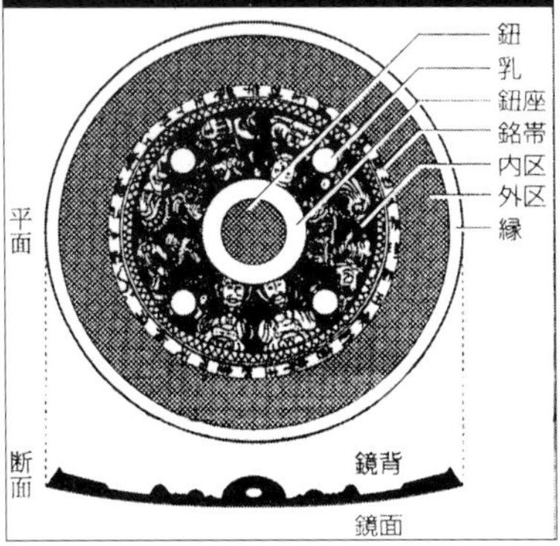

縁の断面が三角形をし、内区に神と獣のレリーフがあることから、こう呼ばれる。直径が20cm以上の大型なのが特徴。

鏡面は光を反射する面。鏡背は文様などのある面。鈕（ちゅう）は鏡背中央の突起。ひもを通す穴がある。鈕座は鈕周囲の装飾部分。

内区は鈕に近く神像や獣像のレリーフがある。外区は内区の外側。銘帯は銘文のある帯状部分。

邪馬台国の女王卑弥呼が中国・魏の明帝から「銅鏡百枚」を下賜された景初3年（西暦239年）の年号や中国の地名などが刻まれるのもあるため、三角縁神獣鏡こそ「卑弥呼の鏡」だとの考えを基に、鏡を受け継いだ初期大和政権が配布したとして「邪馬台国畿内説」の根拠の一つとなっている。

舶載鏡《はくさいきょう》

弥生・古墳時代の鏡のうち、中国製と考えられるもので、三角縁神獣鏡では仕上がりのすぐれたものを舶載としているが、中国国内では一面も出土しない。

魏志倭人伝・倭人伝

「三国史」は西晋の歴史家陳寿（～249年）が魏・呉・蜀三国時代（221～265年）を六十五巻に編纂した中国正史で、正史二十五のうち最もすぐれたひとつ、とされる。

うち「魏志巻三十・東夷伝・倭人條」の二千に足りぬ文字の中に卑弥呼、邪馬台国の位置、風俗、社会、習慣などが述べられている。古代史研究の資料価値が高く、その内容、字句について今なお、論争が絶えることなく続いている。

劉備、関羽、張飛、諸葛孔明が活躍する「三国志」の原名は「三国志通俗演義」で宋代11世紀以降語りつがれていた物語を、羅貫中（14世紀後半の人）が俗説を改作、三国時代の史実をとり入れ虚実をまじえて24巻にまとめ完成した中国四大奇書のひとつで、現在までもっとも多くの人に読まれている小説。

五丈原を守っていた仲達が、孔明の死で兵力を遼東に振り向け、康孫公を滅ぼして楽浪など四郡を設けた。

その国際情勢を知ったであろう卑弥呼は、直ちに魏に朝貢したとも考えられる。

死せる孔明は仲達だけでなく、倭の邪馬台国女王卑弥呼まで走らせた、ということになる。

兄弟鏡、同型鏡

同一の原型から複数の鋳型を作り製作された鏡で、真土などで製作するため鋳型は遺らない。

踏み返し鏡

元になる鏡から鋳型を製作して造られた鏡。土製の鋳型が乾燥して縮小するため、鏡はその分だけ面積、体積が小さくなる。

同笵鏡

同一の鋳型（笵）によって鋳造した複数の鏡。

反復使用によって鋳型に傷が生じる場合、製作時期の前後の推定が可能になる。

金印

福岡市志賀島で1784年百姓甚兵衛が大石の下から発見した、と伝わる。一片2.3cm重さ108.7g、蛇鈕で陰刻の「漢委奴国王」は「漢の倭の奴の国王」と読むのが定説になっている。

後漢書倭伝57年（建武中元2年）光武帝が倭の朝貢に対して下賜したという記述があり、その際のものとされている。

黒田家より寄贈をうけた福岡市立博物館で常設展示している。国宝。

また「魏志倭人伝」にも239年（景初3年）邪馬台国女王卑弥呼に「今汝を以て親魏倭王とし金印紫綬を假し」と金印を授けた記述がある。

金印出土地

この地で百姓甚兵衛が大石の下から発見したと伝わっている。

この地に田があった、畦道が通じていたとは現在では想像出来ぬ地形である。

平原三雲遺跡

福岡市の西の糸島地方は「魏志倭人伝」にみえる「伊都国」であり、代々王がいて、朝鮮帯方郡の使者が常駐した、と記されている。

平原遺跡1号墳：18×14cmの方形周濠墓から大量のガラス、メノウ、コハクの管玉、勾玉、丸玉がみつかっている。また弥生、古墳時代を通じて一つの墓から出土した最多39面の銅鏡を出土し、うち内行花文鏡が5面であったとすれば計40面になる。太刀も1本出土しているが、被葬者は伊都国の王クラスの女性とみられている。

滇王之印

「滇王之印」は雲南省博物館にさりげなく展示してあった。行き過ぎ「オヤッ、まさか」と後ずさりして眺めた。ほんと、こんな状態でお目にかかれるとは思いもよらぬことだった。レプリカだったのかな？

東大寺山古墳

奈良・天理市。内容が明らかになった数少ない前期の前方後円墳。古くから盗掘をうけていたが、1961年・1966年に発掘調査が行なわれ、鉄製品、硬玉勾玉、短甲、鉄刀を多数出土し、一振の太刀の刀背に後漢末の中平（184～188年）の年号ではじまる銘文が金象眼されていた。

銅鐸

銅鐸を数十の文字で説明することは極めてむつかしい。

元形は半島より渡来したが、弥生期の日本国内で独自に発展し極めて高度な技術で製作された農耕祭祀の“つり鐘状”器具と言えよう。

弥生中期に畿内を中心に盛行したが、後期に突然消え、まとめて埋納されるケースが多い。なぜか、その謎は謎のまま謎をひきずっている現状である。

銅鐸のまつり（平出考古館）

第2章
邪馬台国

■文化の進度

弥生時代全期を通じて、北九州が文化の先進地域であったことは相違ない。金属、稲、文字のいずれも畿内より北九州が先行していた。大和・畿内で金属器が盛行、墓・古墳の副葬品が多彩になり銅鏡が多量出土するのは、3世紀末から4～5世紀の頃になる。

俄に信じ難いことだが縄文晩期、紀元前4世紀ころの石崎曲がり田遺跡（福岡・二丈町）で発見された小さな鉄の破片は「我が国最古の鉄」とみられる。弥生時代のはじまる前、北九州には既に「鉄」が入っていた。

そして紀元前1世紀前後の北九州では、既に大型の鉄戈の製作がはじまっていた。

弥生中期末～後期初頭の長崎・富の原遺跡の鉄斧はかなり鋭利であった。

福岡県春日市赤井出遺跡には、弥生中期末の住居跡から鉄地金、工具、農具、木炭がついたままの製鉄遺物も出土し、鋼から製品を造る技術があったことがうかがえる。吉野ヶ里に刀、剣、矛、やじりなどがあったことは既に周知のところである。

イネの伝来ルートは諸説あるが、まず菜畑※（佐賀・唐津）に定着し、弥生時代前期の間には福井若狭湾―愛知・伊勢湾の線まで極めて急速に、中期後半には青森・垂柳まで水稲農作が拡がった。

いまでもその地の温度に適した品種改良はむつかしい、と聞いているが僅か2～300年の間に、低温にも耐える品種に改良したものだろうか、耕作地を広げた弥生人の知恵には驚く。

紀元57年に倭の奴国王が「金印」を下賜されたことは、それが朝貢であったにせよ、既に交易があった証である。極く少数であろうが中国との間に、交易に必要な文字を理解する人物—渡来人であったかも知れない—がいた。

墓制についても九州の先進性が認められる。弥生時代すでに20m以上の方形墳丘墓があり、前期末には朝鮮形細形銅剣、矛、戈などの副葬品がみられ、中期の吉武高木遺跡には青銅武器類が、中期後半の三雲南には多数の宝器を伴った王墓とみられる個人墓が現れる。近畿で王墓の出現は、平野川に沿う大阪市・加美遺跡（中期後半）が25×15mの墳丘を伴う初の方形周濠墓であろう。

金属、イネ、文字、墓制のいずれをとっても北九州が畿内より先行し優位であったことは動かせない。

■畿内、近畿の文化

その頃の畿内の文化は、どのように進んでいたのか疑問が湧く。

纒向遺跡は「都市機能」をもつ遺跡で、発生期大型古墳群の中心的位置にある。が、卑弥呼の時代の遺物遺構はない。

調査中の纒向遺跡（1980年代中ごろ）

唐古・鍵遺跡は吉野ヶ里に匹敵する面積を持ち、現在なお発掘が続いているので、今までの説が覆る発見があるかも知れない。絵画土器の殆どがここからの出土であり、土器片に描かれていた重層楼閣の絵を基にして高さ12.5mの楼閣建物が復元されている。

▶絵から割り出した

土器の絵から復元された弥生時代の楼閣建築＝奈良県田原本町の唐古・鍵遺跡で

1998年9月10日　朝日新聞

この絵は「その建物を見た者」でなければ描くことができないだろう。その建物が実在した可能性もある。

金属器も製作していた。1990年7月、10cm×5.4～4cm×0.6cmの鉄斧片を発見している。

曽根池上遺跡は、弥生全期を通じて営まれた大型環濠集落で、建物の柱根が紀元前52年と確認され世間を驚かせたが、当時すでに巨

弥生の神殿　原寸大復元

大阪・池上曽根遺跡　骨組みを立ち上げ

大阪府和泉、泉大津両市にまたがる国の史跡・池上曽根遺跡で、「神殿」と見られる大型掘っ立て柱建物の復元作業が進み、十月二日の上棟式を前に骨組みが立ち上がった＝写真。来年三月に完成予定で、弥生時代では全国でも最大規模の復元建物となる。

復元作業は、発掘された掘っ立て柱の穴を保存するため、約一㍍土盛りしたうえに柱を建て、原寸大で進めている。

高さ十一㍍、床までの高さ四㍍、床面積百三十五平方㍍で、屋根には葦《あし》をふく。主要部材は直径四十—六十㌢のヒノキ約五十本で、地元和泉市で調達した。

掘っ立て柱の地中部分は鉄の筒で包むなど、「免震構造」も採り入れて二百年はもつ構造になっている。

柱と登梁《のぼりばり》で構成されるダイナミックな骨組みを見てもらうため、十月三、四日の午前十時から午後四時まで、現地で一般公開する。

1998年9月29日　朝日新聞

大掘立柱建物があったことを実証している。

朝日新聞高橋徹編集委員は、1995年6月17日の紙面で「吉野ヶ里の発見で、邪馬台国九州説に傾きかけていたムードに、水をさすことになりそうだ。論争に新たな材料を提供したことは確かだ」と気勢をあげている。

確認された区画の図中と、建物群の復元想像図上。手前の空間で儀式が行われていたと推定される（守山市教委提供）

滋賀・伊勢遺跡

四角い区画に弥生の建物群

卑弥呼王宮の姿に光？

国内最大規模の弥生時代後期（二世紀後半）の楼閣（高殿）が見つかっている滋賀県守山市伊勢町の伊勢遺跡中心部で、複数の大型建物を柵列（さくれつ）で方形に囲った区画が確認され、守山市教委が十一日、発表した。弥生時代の集落中心部の主要建物群を囲む四角い区画の発見は初めて。従来の弥生遺構と異なる整然とした区画は王の権威、権力の強化を裏づける。伊勢遺跡は「魏志倭人伝」の記述にある三十の「クニ」の一つという説もあり、研究者らは、邪馬台国の王の居館を類推する重要な手がかりになる、としている。（31面に関係記事）

柵列跡は直線で南北約[illegible]十五メートル、東西約十メートルにわたって確認された。柵の柱穴は十[illegible]個見つかった。柵は高さ二[illegible]と推定され[illegible]る。柵列内には、すでに見つかっていた楼閣、高床建物の倉庫のほかに、副屋、祭殿（祭器庫）が新たに発見され、計四棟がある。

伊勢遺跡は約二十五[illegible]居住区域を持つと推定され、近畿最大規模の環濠（かんごう）集落。守山市教委は「中心施設を方形区画したのは、このクニの王が意図的に整然と建物を配置、建造したことを意味し、かなりの技術力、政治力、経済力を備えていたことを裏付ける」としている。

佐原真・国立歴史民俗博物館副館長の話　複数の建物群を囲む方形区画が二世紀の近畿地方で確認された意義は大きい。古墳時代[illegible]

1999年4月22日　朝日新聞

畿内から少し距離を置く周辺では、滋賀県守山・下之郷は邪馬台国時代の遺跡で、長径300mの楕円形、三重の濠が集落を取り囲んでいた。

滋賀湖北・熊野本遺跡は弥生時代中期の高地性集落で22点の鉄鏃、鉄斧、やりがんなが発見されたが、集落で加工したものらしい。

このほか滋賀県では2世紀後半の守山・伊勢遺跡の建物群復元想像図は卑弥呼の時代を連想させてくれる。同じ守山・服部・安土・湖南遺跡、銅鐸24個を出した野洲町・大岩山などこの地を「百余国の一つ」とする見解を有する研究者も少なくない。

また京都峰山・扇谷遺跡の弥生時代地層から発見された鉄滓は、鉄素材から製品を造った際の鍛冶滓であろう。弥栄町弥生中期後半の奈具岡遺跡の2000点を越える鉄片は、中国河南省の鉄鋼「鋳鉄脱炭鋼」とみられ、同じ京都府岩滝町・大風呂南1号墳、弥生末期の台状墓から12本の鉄剣をはじめガラスのブレスレット、銅釧が出土している。

運ばれた素材をここで加工し、道具を作っていた。これらの鉄製品、製鉄遺跡は無視できない。

和歌山御坊・堅田遺跡は吉野ヶ里に百年も先行する弥生前期だけの遺跡だが、青銅器の鋳型がでている。瀬戸内の土器も伴出するので、海沿いに伝わったものだろう。

近畿の鉄にふれたが、奥野正男氏（邪馬台国発掘1983）の数字を引用すれば下図のようである。

	弥生時代中期、鉄製武器数					弥生時代鉄器出土数	弥生時代青銅鏡	
	剣	刀	戈	矛	鏃		中国製	国産
九州	104	50	20	16	600	524	308	102
中国	11	6				26	10	17
四国	4				181	10	12	6
近畿	3	9				73	17	16
近畿以東	11	14				47	4	11

例年1万件を越える発掘調査がつづく現在数は多少変わるが、比較に支障をきたすほどの数字ではないだろう。弥生時代の九州の鉄の優位性は説明の必要がない。

高名な佐原真氏は銅鐸の銅について「九州の銅製の鉾、矛、戈の重量は約1トン、畿内で製作された銅鐸の重量は約2.5トン。銅製品の製作量は多いが大勢として銅鐸をつくる技術も九州を経由してきて、近畿で始まったことは間違いない」（邪馬台国は東遷したか、1994、三一書房）と銅鐸技術の源を九州と想定している。

全ての面で弥生後期の中ほどまで、ヤマトの資料は北九州の先行性を覆すにはいたらない。

邪馬台国の検討は邪馬台国が存在した時代の資料を検討するのが当然で、数十年から百年以上も年代が相違する資料を素にするのは、当を得たものとは言い難い。

■意思を伝える

仮に「邪馬台国は畿内、ヤマトにあった」との説に従うとして、ヤマトから600kmも隔てた北九州、渡来文化の受け入れ玄関口へ、中央の命令、統治方針をどのように伝達したものだろうか。

上田正昭、森浩一氏など多くの研究者の説くとおり、倭人伝が伝える卑弥呼時代の邪馬台国には、ごく少数ながら文字を理解する者がいたと考えるが、当時の畿内遺跡から中国・半島の文物発見例が少なく、畿内ヤマトが中国・半島と交易、文字を用いて文化の移入を行なった、と考えることは困難で極めて少ない確率になる。

逓伝、という言葉がある。

順次に伝える。宿つぎで伝える。宿つぎの車馬や人足、と何れの辞書も同様の解釈がつけてある。

30〜40名ほどが片手幅以上の間隔に並んで、隣に聞こえぬよう小声で耳許に「ある状況、用件」を伝えていくと、途中でどう間違えるのかラストの者には、とんでもない伝わり方をしている。最初に伝えた者が驚くほど、予想もつかない内容に誤って伝わることがよくわかる。文字がないと意思を正確に伝えることが困難で、これは言葉の問題でも同様である。

中央の意図・命令をひとりの人間が記憶して、数十日かけて畿内から瀬戸内の各地、九州へ口頭で伝えた、あるいは要地に逓伝した、とする説明が成り立つものだろうか。

マスコミ、特に電波媒体の発達で地方の方言が減り、全国言語統一されてしまったが、戦前はおろか50年前ですら方言は、理解するのが困難だった。

旧友Sは中国生まれの中国育ち、長じて1935年両親の故郷鹿児島の学校に入学したが、彼の名は一日にして全校に知れ渡った。なんでもないことだが鹿児島弁のわからないのは、全校で彼ひとりだった。方言は地方の共同体にとって大切なことであった。

初めて耳にした佐賀弁も、一瞬理解できなかった。いま青森三戸からかかる友人の電話は、少しゴキゲンのおりには50%も聞きとれない。

明治初年、日本の標準語をどうするかが大問題だったことすらあった。

畿内と九州の距離、水行して数十日、相互に理解できぬほどの言葉の差があっただろう。そのうえ文字がなくて中央からの意思伝達あるいは統治ができた、とは到底考え得ない。

コミュニケーションのむつかしい状況で、どうして遠距離の地方を統治できるのか。単なる交流と統治とは、意思伝達の必要度、程度が全く違ってくる。

この点について的確な解明に接していない。

■邪馬台国は

邪馬台国の位置についての論争は、すでに江戸中期から続いて甲論乙駁、たがいに持論を展開して譲らない。

すべての方々が文献資料、考古資料を十分視野に入れた説で、それぞれ説得性がある。その中でも松本清張氏の「陰陽五行説」と安本美典氏の「大和と朝倉・甘木地方の地名類似説」にはひかれるものがある。

地理学者鏡味完治氏は1964年、筑紫と近畿の地名一致をあげ「九州から近畿への集団移動」の見解を発表した。

さらにこの説を発展させた安本美典氏は、大和と朝倉・甘木地方に共通する地名21カ所を挙げ、神話に出てくる高御産巣神を祀る神社が、朝倉・甘木に集中していることから、「九州の勢力が畿内に移動、地名も移った」とした。（新考邪馬台国の謎、高天原の謎）

「邪馬台国やっぱりここだった」に掲載された図は別掲のようになっている。

夜須川のまわりの地名

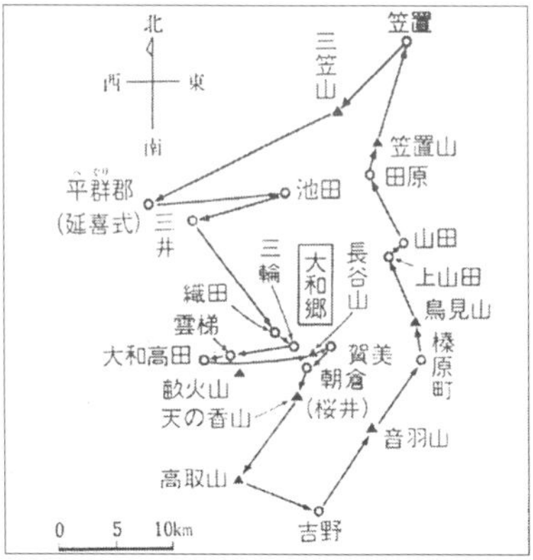

大和郷のまわりの地名
安本美典氏図

奥野正男氏は五万分の一の地形図上で、邪馬台国と比定した筑後川川岸、佐賀県東北部から甘木朝倉にわたる地域と、大和東南部とを対比し、80カ所の一致、類似地名を見出している。

移住した人たちが出身地の地名を新しい地名につけるのは、古今東西かわらぬ人情である。いま由緒ある地名が失われていくが、もともと地名は長く伝承される傾向が強い。

三氏の指摘に対し、歯切れのよい反論は寡聞にして知らない。或いは論争に巻きこまれないよう無視をつづける賢明な策を選んでいるのかもしれない。

板付、金隈、甘木、春日、志賀島、糸島も歩いてみたが、弥生時代を通じて半島・中国の影響の受け入れは北九州が圧倒的に多い。

三角縁神獣鏡の舶載説に疑問をもち、半島、中国との交易の多寡、風俗の受け入れの濃淡、文化の先進性、金属、稲、遺跡の状態など考慮すれば「邪馬台国は北九州にあった。数百キロ隔てた後進地ヤマトから先進地の九州を統御することは極めて困難、不可能」とするのが、私には素直に受け入れることができる説である。

菜畑遺跡

1980年の調査で日本最古の炭化米や水田の畦、水路が見つかり北九州の稲作は縄文時代にはじまっていたことが明らかになった。6000年前の岡山・朝寝鼻貝塚で、稲のプラントオパールが発見されたが、ソバ、ヒエなどとともにいくつかの稲粒がもたらされていたかも知れない。でも計画的に水田稲作が反復して行なわれたとは思えない。

海岸沿いの漁村で家の周囲に菜園を造ることはあるが、これをもって「漁業専業でなく農耕も兼営していた」とはいい難い。

多分陸稲であろう。プラントオパールで稲のあったことは理解できるが、それをもって稲作の定着とはいえない。やはり北九州を稲作の始まった地とすべきだろう。

第3章
稲作の定着

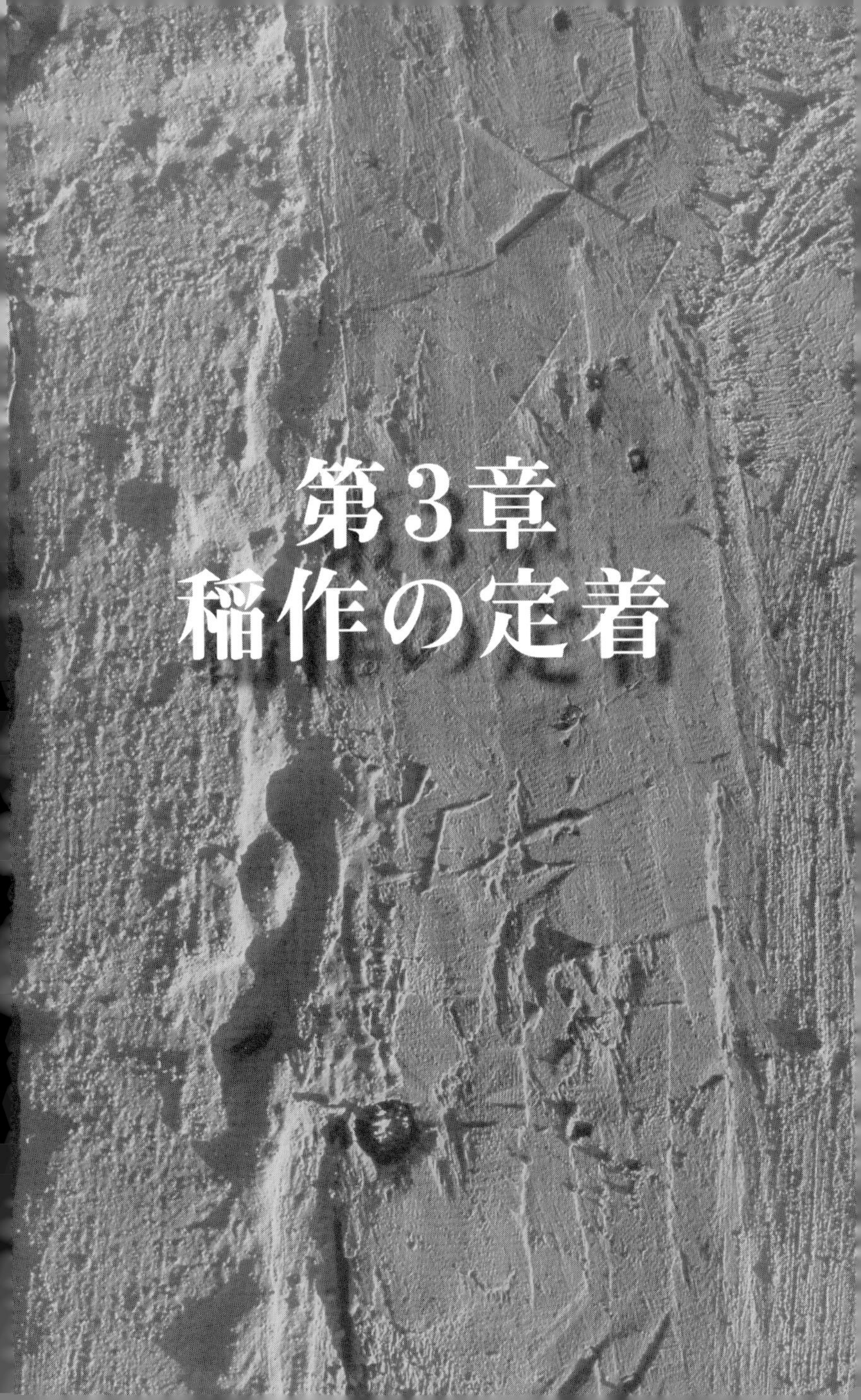

■稲、水田がはじまる

卑弥呼時代の邪馬台国は、文化の先進地北九州にあった。前記の通り考えている。ところが三世紀半ばすぎから、ヤマトの地で従来の弥生墳墓よりはるかに巨大な古墳が築かれはじめる。

古墳築造は大きな“労働集約工事”で、そのため大きな権力、労働力を動員し得る勢力を備えなければ到底出来得ない。

文化の後進地とみられたヤマトが、どうして急激に大きな力をもつことができたのだろう。一貫性を欠く現象であるが、ここで思い当たるのが稲作の東進である。

稲作は縄文の最終時期に菜畑、板付※で定着したと従来の説に対し、青森・風張遺跡から3000年前の炭化米、さらに岡山・南溝手遺跡からも約3000年前の、同じ岡山・姫笹原遺跡から約4500年前のプラントオパール※が発見され稲作起源の発見が遡り、更に再度岡山・朝寝鼻遺跡から縄文前期約6000年前のプラントオパールが見つかっている。

板付（復元遺跡）

はるかの昔、南方から日本列島にイネが入っていた可能性の高いことがわかる。しかし日本に辿りついた人たちが、たまたま所有していたモミを育てて自分たちの食糧にしていた、それだけのものかも知れない。

水稲か陸稲かの説明はなかった。耕作連続のあと、石包丁の類の農具も発見されていない。仮に一部地域で稲が作られたとしても、それをもって「稲作の始まり」とは言い得ない。

稲は自然環境に強い植物でない。乾燥に弱く、根を深くすれば根くされを起こす。強風に倒れやすく、なによりも田の区画、水利、クワ、スキなど農工具、穂先を刈りとる石包丁、稲を田に鋤きこむと肥料になる知恵など、即ち稲の栽培は、口伝だけでその要領を会得できる容易なものでない。数年間の体験を重ねて、やっと学び得ることができるものだろう。

更に水田開拓がある。畔をつくり区画される田に水を引くなどの作業は、独力で出来ない。新田の開拓はグループをつくった集団が、東へ東へ進んだものである。

赤米を栽培中、と知り1984年10月に登呂※へ行った。いま見かける稲に比べて背丈が高く重々しい感じだった。これでは強風に倒れやすく、たわわという表現にはほど遠い稔り具合だった。

登呂　赤米の穂

■グループで東へ進んだ

急速な稲作農法の東進には、数名以上また数家族が一団を作り、東へ移り新田を開拓し更に別のグループがその東へ、また二世グループが新しい地を求めて東へ移る。そのような行動が集団で繰り返された、と考えられる。

二世また三世が次へ次へと、東の新しい土地を求めて水田を開拓していけば、短い間で大きな集団に成長して東へ進んだ、ということが容易に察しられ、その二世も三世もすべて北九州の出自で言葉の訛り、まつり、習慣を共通する同族集団であった。

弥生中期の田能遺跡は大阪空港に近くて猪名川沿い、住宅に囲まれた今でも、水田耕作に適した地であることは容易に判る地形で、左腕に銅釧を着けた人骨、1200個の管玉が副葬されていた。九州の習慣というより、九州からやって来た集団のうちの一人がここに葬られていた、とみなすことができる。

当然のことながら彼等同族集団は、籾や木製農工具、それを製作する“金属”も携えたことであろう。

邪馬台国を構成していた者たちも同じように、東へなだれのように移った。30年も経れば食糧に恵まれた人口が忽ち急増することは、既に述べた通りである。

邪馬台国は倭人伝に「国の大夫は四〜五名の妻をもち、下戸（庶民）も二〜三人の妻をもっていた。婦人は淫らでなく嫉妬もしない」とまことに男性天国の風習があった、と記されている。

若し仮にその通りであれば、ひとりの男性が短期間のうちに数名の子を生ませることが可能で、故郷九州をはなれて東に向かった集団は急激に膨張し、一大集団となったであろうことは容易に察しられる。

■土地をめぐる争い

九州を故郷とする「稲作り集団」は無人の地を行ったわけではない。当然それらの地には先住者がいた。

縄文文化をうけつぐ彼等先住民は、住みなれた父祖伝来の地の環境破壊する侵入者との間に、摩擦衝突、争いが起こった。かなりの争い※があった、とみても不思議でない。

後漢書東夷伝に「倭国大いに乱れ、攻伐して歴年、主なし」とされるのが「桓霊の間」即ち桓帝と霊帝の間、147〜189年ごろとされている。

このころは、九州稲作民の二世三世が多くのグループを作り、東へ移りつつあった時期と一致しているようだ。

グループが集って（クニをつくる）小国分立し、それぞれの地に首長が発生していたが、それら新開地、新田のすべてをたばねる首長、大王はいなかった。「倭国乱れ主なし」はその当時の状況にあてはまる。

あながち見当違い、こじつけ、だけとも思わない。

鉄器また木製農工具の先端につけた鉄は、兵器、争いの武器として使用されたことであろう。

1945年敗戦直前の日本軍は兵士を召集しても持たせる兵器がなかった。「2〜3日休暇をだすから各自は家に帰り、クワ、スキなど鉄のついたものを持ってこい」。笑えぬような実話がある。同期谷田昌弘氏から秋田での体験として聞いた話である。

鳥取で弥生後期の鉄器が500点も出土している。その頃のヤマトは10数点にすぎない。これら鳥取の鉄器は、日本海を渡って半島から持ち来たものか、或いは稲作とともに北九州人の一世か二世が持って来たものであろう。

■東征は……

九州の「邪馬台国」が東遷というと「神武天皇東遷説話の亡霊」ときめつける傾向がある。根拠もなく東遷を唱えれば批判されて当然であろうが、東遷反論の証もなく「反動的、皇国史観」ときめつけるのも、いかがなものかと思う。

九州の先進文化をもった集団が、大きな勢力となって東進したことは、稲作の東進が何よりの証であるが、荒唐無稽とも思える東遷神話を信じることはできない。

河内の戦に敗れた神武軍勢が、和歌山紀ノ川沿いを遡行し宮滝、吉野から北進し大和に向かうならまだしも、山険しく谷深い熊野を縦断して大和に向かうなど、熊野の地形を知る者であれば、この進路をとるハズがない。

1943年、当時は舗装もない熊野に通じる悪路を木炭バスで十津川村へ行き、富沢清秋氏宅で十津川の暮らしを見た。ここは日本の秘境、とされた地であった。

その頃は太平洋戦争も激しさを増しており、ひとたび出征のあとは再び日本に生きて帰り得ることはあるまい。田尾勉氏と「これが日本の最後になる。山と川と海を見ておきたい」と杉茂る吉野川を遡り、入之波を経て大台ヶ原まで一気に登り、1695mの日出ヶ岳から山なみの向うに涯てなく広がる太平洋を眺めたとき、この美しい祖国は生命賭けて護らねばならぬ、と思い新たにしたことがあった。このあと川合に下り、熊野・鬼ヶ城まで足を延ばしている。

いま紀伊半島を縦断するR168・169は2車線完全舗装だが、往古は想像を越えた悪路難路だった。急峻が落ちこむ谷は底が見えない。頭上から木材岩石を落とされれば全滅する。食糧もありそうもない。危険極まりない地形は戦を知る者がとるべきルートでない。こんなルートをなぜ選んだか、神話の作者に聞きたいくらいだ。

神武東征物語は、九州の先進文化をもった集団が東方へ移動した投影である。移動は稲作面積の拡張、新田開拓であったと考えたい。

東へ毛人を征し、西は衆夷を服せしめ海北を平げた「ヤマトの猛々しい男たちの集団」が「一人のヤマトタケルノミコト」に擬人化されたように、東へ東へと勢力を拡大した集団が投影され「一人の神武」に擬人化された、とも考える。

卑弥呼共立の頃には、西日本全域の世情も落ち着き、九州からヤマトの間を北九州の一族一党で埋めた勢力は強大になって纒向に本拠を構えた。ヤマト以西は同族が占め一族のキズナを固めることも必要であり、共通の墓制をつくり、共同の副葬品もそのため必要であった。

纒向型前方後円墳が各地に築かれたのも、その故であろう。纒向に多くの人を派遣した尾張は、西日本と異なる墓制、前方後方墳を築いた。何らかの理由で地域性を主張する「尾張オリジナル」であろうか？

纒向には各地からの人が集められ、落ち着いた世情を基にして、古墳を造るエネルギーが貯えられ「都市構造」が形成されつつあった。

神奈川小田原・中里遺跡から紀元前2世紀（弥生中期）の瀬戸内海東部・大阪湾北部・兵庫県東部にかけて広い範囲の土器のかなりの量が発見されている。播磨・摂津からの集団が住んだことを示している。途中に土器移動の連続性がないため、海を経て移住したことが推定される。

稲の東播は陸路だけでなく、海路で一挙にはなれた地域にも及んだ例のひとつ、である。

■九州の土器

畿内の土器は九州にあるが、九州の土器は近畿では少ないという反論がある。

1995年10月、橿原市で行なわれた「第4回歴史街道シンポジウム・パネルディスカッション」で高島忠平氏（佐賀県教育委員会）は「三世紀は全国的に土器が動いて地域交流は活発であるが、九州の土器は殆ど来ていない。土器をもって行く必要がなかったからだ」と明確に断定し「土器の移動は女性の移動である」と重ねて示唆に富んだ発言があった。

この日のパネラーは石野博信、山尾幸久氏が「邪馬台国ヤマト説」奥野正男、高島忠平氏が「九州派」と豪華メンバーで得るところもあった。

九州の土器が大和地方まで「長旅に破損せず」届き現在まで残ることはあり得ないことだろう。

1995年1月、強烈な地震に襲われた。阪神淡路大震災である。震度7、門の左右の扉は7cmもずれ、我が家は半壊、近隣約40％の住宅が居住不能、倒壊した。

棚から落ちた陶磁器、ガラス類は大小いくつかの破片に割れたが、30cmほどの愛蔵「弥生つぼ」は飾りの棚から板の間に落ちて文字通り木っ端微塵、小さな土の粒に「先祖がえり」してしまった。

須恵器もいくつかの破片になったが、弥生土器は粉々になる。こわれやすい。貴重な体験だった。

九州の土器が破損すれば吉備の土器を使い、それが壊れれば摂津の土器を用いる。畿内、纏向には、経由した地方の土器をもって来た、と考えてよいだろう。

遠隔地の土器が特定の地に残る、はイコール遠くの地から無傷で届いたことでなく、その地から共にやって来た女性が新しい土地で作った、ということである。

九州の女性がいなければ、九州の土器を造ることも残ることもない。九州の土器がそのままヤマト、纏向まで持ちこまれたとする確率は低い。

九州の土器発見例が畿内で少ない、という論は議論の対象になり得ない。とともに、箸墓などにみられる「特殊器台※」も東進する集団が岡山から持ちこんだか、岡山の集団が新しい地で古里の形式で焼いたものであろう。

多分後者であると思うが、各地から持ちこまれた土器が、それぞれの地の土で焼いたもの、という物質的な証明がなされれば、こんな考えは改めねばならぬ。

1989年3月、兵庫県赤穂市、原田中遺跡で特殊器台が発見され、同時に住居跡と土器焼成のあとも発掘された。

岡山から移り住んだ人々が、ここでここの土を用いて特殊器台を焼成したものであろう。

邪馬台国は「卑弥呼が共立されえ、台与がついだ時代」だけのクニではない。卑弥呼が共立される以前から邪馬台国があり、「卑弥呼の共立で国が治った」。そのため倭人伝には「卑弥呼を共立して邪馬台国が成立した」とは書いてない。

邪馬台国は、卑弥呼が女王に共立される以前からあった国である。

邪馬台国、「纒向中心のヤマト説」も有力な説であるが、邪馬台国時代の痕跡はひとつもない。

原田中　住居、土器焼成あと

原田中　特殊器台筒部

板付、金隈

土地不案内とは不便なことである。博多バスセンター→板付→バスセンター→金隈→バスセンターJR博多→JR竹下（那珂八幡古墳）→JR博多。随分遠回りした。

稲作のはじまりは弥生時代から、と考えられていた観念を打ち破る発見が1978年板付で発見された。縄文晩期の水田跡の存在だった。

台地上の集落、墓地、水田跡など約5万㎡の大遺跡で、弥生時代の大規模環濠も設けられており、完成度の高い水田が作られていた。

金隈甕棺展示館は、発見当時のまま弥生時代400年に亘る共同甕墓地が、そっくり展示館として保存されている。甕棺墓には子供用が多く幼児死亡率が高いことを示しているが、ほぼ完全な成人骨がそのまま残るものもある。

両地とも「関西からの来場者は少ない」とのことだった。

プラントオパール

イネ科植物にふくまれるケイ酸はガラス質のため崩壊せず、長期間よく残留する。このガラス質がプラントオパールで、これが検出されることで稲作の可能性が追求できる。しかし、青森・垂柳まで達した水稲栽培は部分的で東北一帯には及ばなかったことは文献で知られている。

登呂遺跡

JR静岡駅からバスで南へ2km、1943年戦争の激しくなったころ、軍需工場建設地から発見された弥生時代遺跡で、戦後1947年から関連の学者も多数参集して初の学術調査が行なわれた。

地下に眠っていた遺跡は16万㎡に及び、水田、家、倉庫、遺物が相次いで発見され1800年前の、人口60名前後の集団の暮らしが明らかになり、出土品は敷地内の考古館に展示されている。

土地の争い

寸尺の土地をめぐっての争いは、古今東西を通じて繰り返された。我々の記憶にあるノモンハンで数万の血を流したのも、国境線をめぐる戦闘であった。

ロシアは無法占拠した北方四島について、言を左右にして返還しない。国民感情をおもんぱかってのことだ。

竹島、尖閣列島も、数年でポストの変わる大臣、外務省エリートもことなかれ、在勤中無事であればいい、と触れようとしない。

国会議員も同じだ。保身で保国護国の思想がない。正論をいったばっかりに課長から公使に飛ばされる世の中だ。

特殊器台

弥生時代後期に吉備地方で造りはじめた80cmから1mを超える大型円筒ハニワで、6〜7段の凸帯と文様が年代により変化する。

奈良・箸墓、メスリ山、マエ塚、西殿塚をはじめ大阪・野中古墳、そして遠く群馬・赤堀山からも出土している。

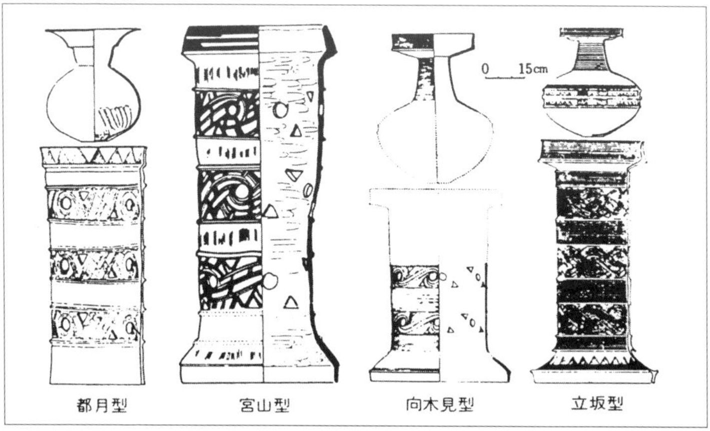

伊達宗泰『カラーブックス　埴輪』

最古の「特殊器台」
弥生後期、葬送に使う?
赤穂で出土

特殊器台のルーツとみられる珍しい器台

出土した特殊器台とみられる復元図
40cm
40cm

兵庫県赤穂市有年原の原田中遺跡で、前方後円墳を思わせる弥生時代後期（二世紀後半）の大型墳丘墓と、珍しい形の器台が三日までに見つかった。発掘した同市教委は、岡山・吉備文化圏の影響を受けた地元・赤穂の族長の墓で、器台はこれまでに発見された葬送儀礼用の特殊器台のルーツともいえる最古のものと推定している。

発掘現場は、JR山陽線有年駅の北西約〇・五㌔。昨年七月から約四千平方㍍を発掘していた。

墳丘墓は墳丘部分が円形状（直径約二十㍍）で、周囲に幅約四㍍、深さ一㍍の溝を設け、西側に排水路を造っている。また東西[illegible]溝の切れ目（幅約四㍍[illegible]か所があり、墳丘部[illegible]る〈陸橋〉としてい[illegible]

墳丘の形は岡山[illegible]の楯築（たてつき）[illegible]（弥生後期）に似ており、平たん地に造られたものとしては、このほど発見された最大級の佐賀・吉野ケ里遺跡の墳丘墓（直径約四十㍍、弥生時代中期）に次ぐもので、前方後円墳型の墳墓としては最古といわれる千葉・市原市の神門古墳群（三世紀末ごろ）の墳丘部分とも酷似しており、原田中の墳墓は、前方後円墳のルーツとも考えられる。

器台は上に載せたと見られる壺（つぼ）と合わせ、七セット分の破片が北側の溝から出土した。復元したところ、円筒（高さ約四十㌢）の両端に皿（直径同）をつけたような形になった。周囲には、突き出た帯数本と、鋸（のこぎり）の歯のような文様も刻まれていた。

突帯や文様などの様式が数十年後の特殊器台のものに酷似していることから、同市教委は「特殊器台の母体になるもの」と判断している。

読売新聞　1989年3月4日

第4章
古墳築造の疑問

■シンメトリー

伊都歴史資料館がまだJR前原駅近くにあった1983年11月、ここで径46.5cmの内行花文鏡をじっくりと拝見のあと、バスで志登支石墓※、さらにJRを乗り継いで今宿大塚を訪ねた。

志登　支石墓

今宿大塚は前原に向かう左車窓で初めて目にし、急に予定を変更した。後期中葉の築造でこの地の西、糸島地方には前期古墳もあり、初めて横穴式石室を築いた老司古墳も近い。

今宿駅から約10分、辿りついた大塚の後円部からとりついたが、枯草に足が滑って登れない。ほんとにツルリッと急斜面の滑り台を登るような有様でずり落ちる。前方部にまわり2〜3度のトライでやっと墳頂に登ることができた。

前方部は亡き首長の葬送儀礼あるいは首長権継承儀礼を行なうため、高齢者や女性も多数がここに登り整列したことであろう。

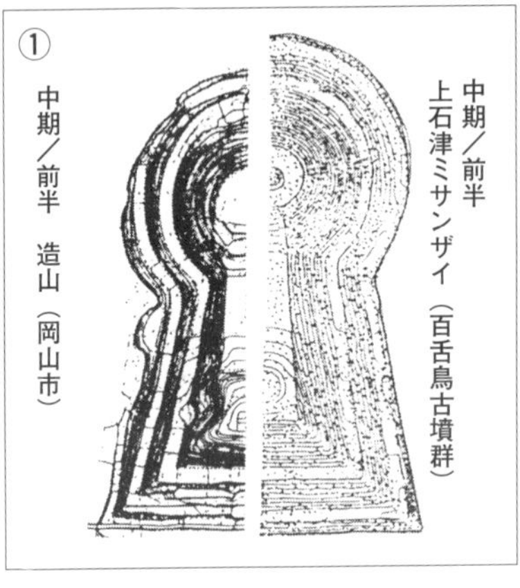

現在復元した古墳の多くは、登りやすい階段が設けてあるが、こんなにも登ることがむつかしいとは思いもよらず、その頃は一体どうしていたのだろう、と頭の隅に？が湧いたが、その

小さな疑問を追及する法もなく、そのままになっていた。

古墳設計の同一企画性については既に多くの方々の述べるとおりで、大まかにいえば九州の南から東北地方まで、酷似また程度の差があっても共通性がある。そして基本的に左右シンメトリーであると思いこんでいた。A古墳とB古墳の左右半分ずつを組みあわせ、左右同型、同一企画性の説明に引用されている例も多い。

それらの図をみる限りでは、原則的に古墳は左右対象の形と思いこむのは当然であった。千葉・佐倉の国立歴史民族博物館には「箸墓」の模型を主軸線から左右に分けて展示している。左右全く同型に見える。

しかし「前方後円墳観察の招待（近藤義郎）」で初めて知ったが、前方部の左右先端、あるいはくびれ部

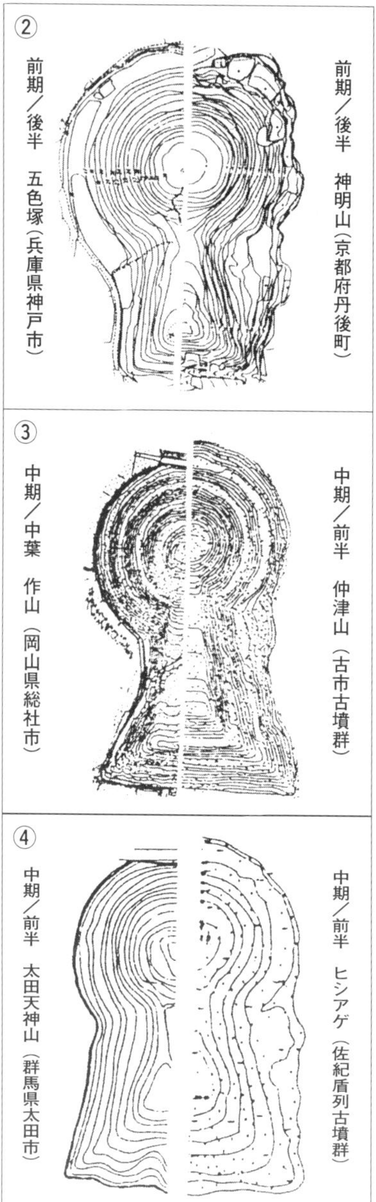

『巨大古墳の謎を解く』

の傾斜が同一でなく、どちらかが緩やかな傾斜に築造され、祭祀のための昇降路であった、と指摘されている。

改めて古墳の図をあれこれ見直すと、なぜこんなことに気付かなかったのか、自分の迂闊に呆れるほどだった。頭から左右同型との思い込みが強く、こんな単純な点を見落としていた。

それで今宿大塚の疑問も理解できたが、後日、竹原や筑後川流域、石人山など装飾古墳の見学で旅したおり、再びここを経て三雲に足を延ばしている。もう訪れることもないだろうが、墳丘に登るには、古代の人も登ったルートを見極めてから登頂するようにしたい。

■企画の同一性

多くの古墳が共通の基本プランで設計されていることは疑いの余地もなく、これまた多くの研究者が発表しているところでもある。

例えば

5世紀第1・4半期・宮崎・男狭穂塚は誉田山の1/2、女狭穂塚は石津丘に対しその1/2（網干義教氏）また仲津山の3/5、同一企画でハニワも同時期、共通性も多い（柳沢一男氏）。

岡山・浦間茶臼山（4世紀初頭）は箸墓の1/2。操山109号、京都・網浜茶臼山はそれぞれ1/3弱。32面の鏡の出土で分布論の基になった椿井大塚山後円部は箸墓の1/2といわれる。

岡山・金蔵山（4世紀後半）は行灯山の1/2強、神宮寺山、操山109号はその1/2とする（出宮徳尚氏）。大和、河内、和泉と吉備のかかわりは記紀伝承をはじめ多く指摘され、古墳企画の共通はある程度理解される。

遠い宮城・雷神山は渋谷向山の1/2、とする説もある。なるほど平面は1/2に近いが、立体的には差がある。雷神山は陪冢を伴う最北の古墳である。

京都・大住車塚と大住南塚は地理的時期的に近く共通の設計があった、と容易に考えられる。山梨・甲斐銚子山と群馬・浅間山をイコールとする説もある。考え得ることだろう。

古墳の築造企画の共通だけでなく石棺、石材をはじめ埋葬法、副葬品にも共通性が認められる。これについては項を改めるが、ひとつあげると群馬・太田天神山、御富士山古墳の家型石棺が畿内型に酷似し「ヤマトから石工が派遣された」と第一線研究者たち（白石太一郎・古墳とヤマト政権、山岸良二・古代日本のわかる辞典、橋本博文・古墳への旅、右島和夫・平成四年関西大学考古学資料室公開講座など）が説くが、これには少しばかり異論がある。

泰斗の説にいささかの異を唱えると、冷笑無視されるだろう。もし袋叩きになれば幸いだが……。

■古墳の基本設計

古墳の築造に基本となる設計図があったことは間違いない。すべてに通じるが、基本になる設計があって物ごとがスタートする。

設計図、用地が決まったから、と直ちに築造にとりかかり得る問題ではない。

あの大戦中、我々はこの様な問題は全く教育されなかったが、当時からコツコツ多くの方々が研究をつみあげていた。戦後古墳設計の企画性研究の先鞭をつけた上田宏範氏は、「前方後円墳・学生社1965」で古墳の企画性、設計法の諸問題を世に問い、問題を追求されている。

また椚國男氏は、前方後円墳のタテの中軸線とこれに直交

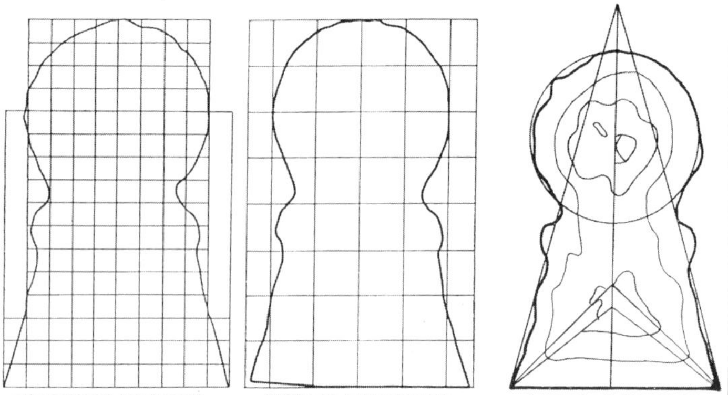

石部正志氏等の説（後円部の直径を８等分する方形区画を作り、その８分の１を１区として、前方部の長さが何区あるかを求める。本例は、８区型）

椚国男氏の説（主軸の中点で直交する横の線をとり、全長を８として、くびれ部の幅、前方部の幅の３者の比を求める。本例は８：３：５）

上田宏範氏の説（前方部を前半と後半に分け、後方部の直径を６として、３者の比を求める。本例は６：３：３）

『古墳の知識』

するくびれ部を通るヨコの線を基準に設計がなされていると考え、墳丘長、前方部幅の比率で形態が決められる、としている。

石部正志、宮川徙氏は後円部径の1/8を基準に前方部各位置と大きさが決まる。後円部に対する前方部の長さの比率で前方後円墳の分類を試みている。

中軸線上の後円部、前方部に中心点を求め、二つの同心円の組み合わせで前方後円墳の設計がなされた、と堅田直氏（古墳、光文社1993）は自説に基づいて、小学校校庭に縄と杭で設計図を簡単？に描いた（先端が校庭からはみ出した……とそのときの新聞を保存していたハズだがいま見当たらない）。梅沢重昭氏も同類の説を発表している。

各氏の研究、先行した卓見はすばらしいものであるが、これで古墳が造れるか、工事にとりかかれるか、といえば問題はまた別である。

尺度についても研究が進み問題も出された。古墳時代前期

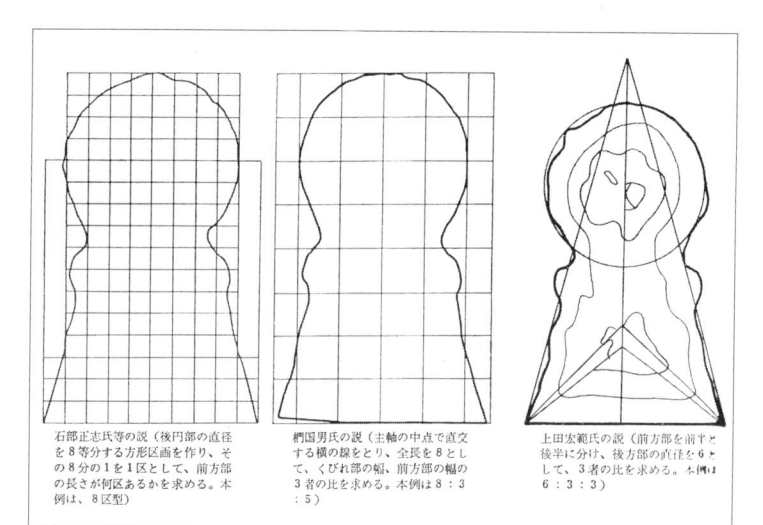

後半から中期の大型古墳は、中国晋尺を用いた可能性があると森浩一氏が、また甘糟健氏は漢尺を用いた、とする一方、上田宏範氏は原高麗尺、日本の固有尺の尋《ヒロ》によったとする石部正志・宮川徏説も提起されているが、決着、解明はついていない。

いずれにしても平面的な設計図、物差し、縄、工具と労働力だけで古墳ができぬことは明白で、平面的設計の検討とともに、立体的に構造物のプランがなされねばならぬだろう。

設計図をどのように記録したのか。

誰が設計図を指導したのか。

設計図を与えられ、それで構築できるのか。

実際の工事にかかる以前に、整理する問題が山のようだ。

■設計図は何に書かれた？

現在では図を書くには多くの場合 紙 が用いられる。ワープロ、パソコンでもプリントアウトされるのは紙の上である。そして紙が用いられるようになったのは、古墳時代から数百年後世のことである。

紙は推古帝の時代に高麗から技術が伝わり、奈良時代に政務、写経の需要が増え改良が加わり、新技術の開発で平安時代に至って和紙が作られるようになったことを考えれば、古墳築造の3〜4世紀に、紙を用いて設計図が描かれたとは考えられない。

布か板であったろう。遠隔の地に木板に書かれた図は、雨風から守りつつ運んだものであろうか、布に描き折り畳んで運んだものか、多分後者であろう。

そこには文字、あるいは文字に類する何か、前方とか後円とか（無論当時には前方・後円という感覚・言葉はない）くびれ部、高さを表す記号があったことだろうが、今までそれらしいものは何ひとつ発見されてない。

古墳築造指揮者の頭の中に、すべてがインプットされ各地に移った、とも考えられない。

■文字が書かれていたか？

1998年10月長野県根塚遺跡で発掘された3世紀後半、弥生後期土器に「大」という文字？が刻まれていた。あまりにも年代が遡るため、問題にされなかったようだ。

その年の1月、三重県大城遺跡から発掘された高杯土器に「奉か幸か年」とも読めるが「奉」がもっともそうらしいと一部では、ワァーッと沸いた。

国内で印された文字資料を整理すると

2世紀中ごろ	奉か幸か年	三重県大城遺跡	高杯土器
2世紀後半	田	三重県貝蔵遺跡	土器
3世紀後半	大	長野県根塚遺跡	土器
4世紀初頭	田	熊本県柳町遺跡	よろい
4世紀前半	田	三重県片部遺跡	土器
5世紀中葉	王賜……	千葉県稲荷台1号	鉄剣
5世紀後半	辛亥年中記……	埼玉県稲荷山古墳	鉄剣
〃	典曹人……	熊本県江内船山古墳	鉄剣

となるが3世紀半ば、卑弥呼が中国また帯方郡と通じたころには、極く少数の者は文字を理解していたことだろう。またそれより200年も昔、志賀島で発見された金印を贈られたころにも、少数ながらも既に文字を理解する者がいた。

土井が浜※に半島渡来人の痕跡がある。集団で渡来した中には、文字を解する者がいたと考えることもできる。

森浩一氏は1998年12月、「東アジアの古代文化を考える大阪の会」で文字文化にふれ「倭人伝を読めば、どの階級どの範囲かに問題はあるが文字がわかるのは理解できる。弥生の大きなカメ棺に大きな字が書いてある」さらに翌年12月、同じ会で「漢字の起源は5～6世紀とされていたが、倭人伝には日本を文字の読める国とみており、倭人伝の人名地名役人名は倭人が書いたものと思う、文字資料が古くなってくる」と文字の存在を古い時期にしている。

高坏に「奉」 通説200年さかのぼる弥生後期

日本最古の文字か

1998年1月11日　産経新聞

また原口正三氏は大城遺跡の文字について「伊勢は狗奴国圏として、文字を使える独特の文化圏をもっていたのではないか」と推理し、2世紀既に文字を知る人の存在に肯定的な意見を発表し、同様に考える研究者も多いようだ。但し東海＝狗奴国論は一部で唱えられているが、疑問、異議あり、としておく。

また後世鎌倉時代の識字率は7000人に1名、とする説もある。王の側近、政務の重要な担当者、後世になって僧侶、高級官僚などが字を知るくらいで、一般の職人、土器製作に携わる階層に、文字の書ける人物がいたことは疑問だ。高級官僚が現場視察のおりに書いた、とする考えも成り立つだろう。

そして文字とは、意味をなす文を作るための記号、手段であって、当時あるいは現在の文字に似ているといって、文字らしいものを文字、と断定はできぬ。

意味のないひとつの記号はむしろ「記号・お呪いの類」と考えねばならぬ。

古墳の設計図には、必要最小限の文字、あるいは「建設監督者専用の記号」が書かれていた。

必要最小限の文字は、技術者としてのトレーニング、訓練の過程で習得した。最小限それが理解できねば、古墳の設計図通りに工事を進捗し得ることはできなかったハズである。

支石墓

朝鮮半島半部の碁盤形の支石墓が縄文晩期に北九州に伝えられた。小さな支石の上に上石をのせ、下部に埋葬施設がある。

副葬品は少なく稲作とともに伝来した文化要素のひとつ。

支石墓は志登（福岡）久保（佐賀）の2カ所。金海式甕棺、朝鮮式磨製石鏃は九州歴史博物館で、朝鮮系小銅鐸、石鏃は福岡市立歴史博物館で見ることができた。

久保支石墓

九州横断高速道路の建設に際し、すっかり移転、保存されている。下にはカメ棺が見える。

土井が浜遺跡

山口県、日本海に面する豊北町にある。約300体に及ぶ弥生時代人の骨がほぼ完全な姿で保存されていたのは、砂丘上に営まれていた墓が、貝粉に守られていたため。

埋葬形態は土坑墓、箱式石棺、合葬などのほか追葬、改葬など多岐にわかれる。出土した人骨は高顔、高身長と特長が著しく、渡来人とその混血説が提示されている。

第5章
古墳築造の組織

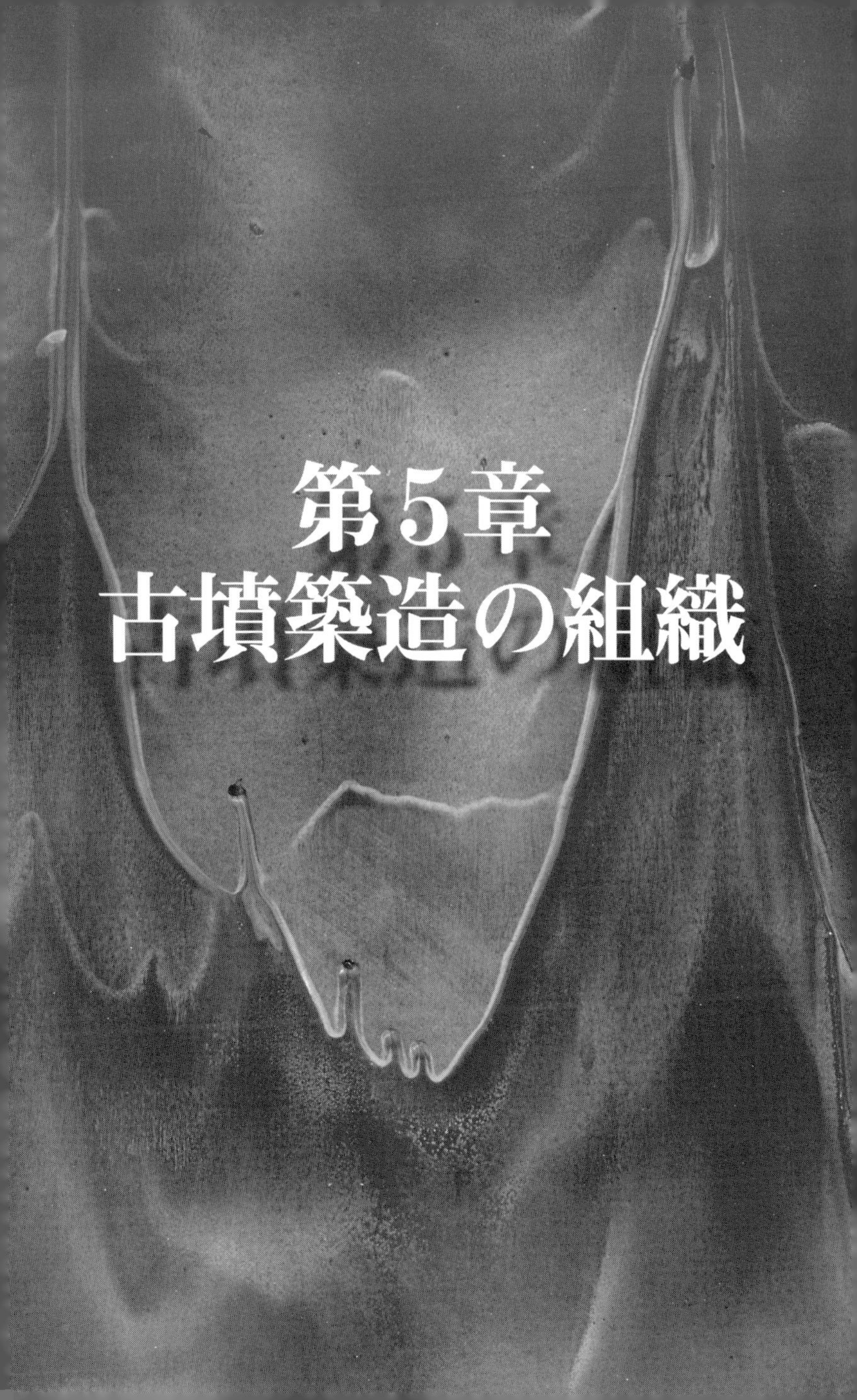

■ゼネコンの組織

古墳の設計あるいは築造の順序、工事についての書物はいくつもあるが、そのころの古墳築造は大人数を動員し、大仙では15年、造山でも4年以上を要したと考えられている。当然人を動かし工事をスムーズに進捗させるための組織・未成熟ながらもその組織があったハズである。

一般会社の組織図なら何とかわかるが、土建関係については門外漢で全く見当がつかぬ。

旧友野津健治氏を想い出した。彼は建築が専門分野だが、株式上場中堅ゼネコンの専務を長年つとめていた、彼なら知っているだろうと「アバウトでいいから書いてくれ」と頼んだところ、早速翌日届けて頂いた。

中型ビルでも下請からの請求書が月900枚を越える、と聞いた。それほど建設工事というものは複雑な仕組みのようだ。

予想以上に複雑なシステムは、数カ月間睨めっこしているうちに、ボンヤリとした輪郭、工事はこうして進んだのではないか、おぼろげに向こうが見えて来た。あるいはとんでもない見当違いを犯しているかも知れない。

■現場組織

首長自らか、あるいは首長の信任のあつい者が最高指揮者になり、技術をもった者、管理に長じた者2～3名が補佐し、その下に大きく分けて（1）技術部門（2）労務担当（3）工事実施部門（4）附帯工事部門の4部門が、相互に連絡協議して築造に従った、と考えられる。

和田萃氏によれば、「古墳はじめ葬儀をとりしきるのは土師氏で大和・河内にそれぞれ2系統ずつあった。大仙陵などは百

（組織図）

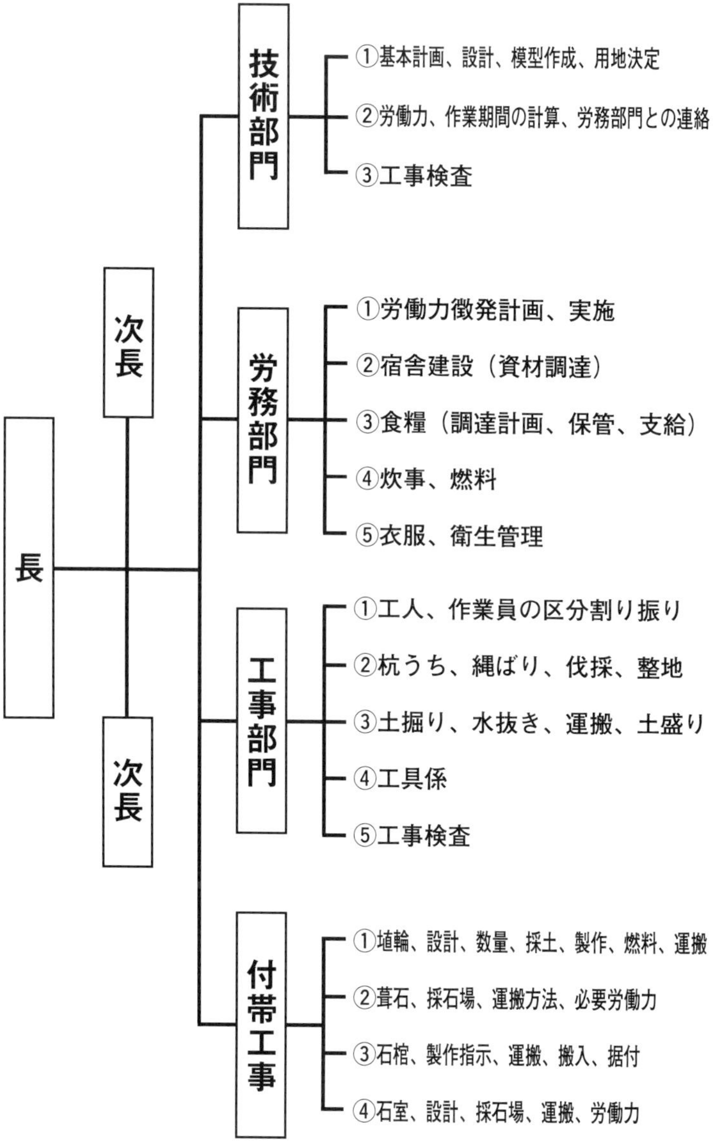
長
次長
次長
技術部門
①基本計画、設計、模型作成、用地決定
②労働力、作業期間の計算、労務部門との連絡
③工事検査
労務部門
①労働力徴発計画、実施
②宿舎建設（資材調達）
③食糧（調達計画、保管、支給）
④炊事、燃料
⑤衣服、衛生管理
工事部門
①工人、作業員の区分割り振り
②杭うち、縄ばり、伐採、整地
③土掘り、水抜き、運搬、土盛り
④工具係
⑤工事検査
付帯工事
①埴輪、設計、数量、採土、製作、燃料、運搬
②葺石、採石場、運搬方法、必要労働力
③石棺、製作指示、運搬、搬入、据付
④石室、設計、採石場、運搬、労働力

舌鳥の土師の人々が造った」と述べておられる。
トップの指揮者、それを補佐する者はいずれも土師氏系の人であったかも知れない。
おぼろげに見えた組織は、こんなものではなかろうか。門外漢にはこんな程度しか浮かばない。

1．技術部門

◎首長の意向に従い古墳の規模を定める。
◎概ねの規模が決まれば、基本設計図を作成する。当時まだ紙はない。布か板に書いたであろう。2～3名の幹部がその写しを持っていた。
◎模型を造る。森浩一氏（前方後円墳の謎を解く）によれば100分の1くらいだった、と推定している。
神戸市立博物館に五色塚の1/100の模型がある。大きすぎず小さくなく、威容を表現する格好のサイズである。
古墳設計についての説は、平面的な設計が主であるが、ここで初めて立体的なヒナ型が生まれるわけである。
◎基本設計・模型によって土地を選定する。
墳長第4位の岡山・造山と伴随する古墳群の地形図を見れば、巧みに地形を生かして築造したことが明らかである。福井・手繰ヶ城山、六呂瀬、二本松山などは先ず築造地が決まり、最大限地形を生かした設計がなされている。
大仙陵、上石津ミサンザイは海上から最も大きく見えるような方向軸が決まったらしい反面、神戸・五色塚は地形に制約されて、前方部が海に向いている。
土地選定には苦慮したことであろう。
◎労働力、作業期間が計算され、必要な人員数を首長に報告し、首長は労務担当部門に「徴発」を命じたことであろう。

◎基本設計担当者は、その後の工事進捗のチェック部門になり、設計通りに進行しているか、工事の遅延などについて工事部門、労務部門と図り適正に進捗するよう、監督助言の機能を果たすことになるだろう。

古墳築造は、一つ終了して次にかかるわけでなく、広い地方、同一地域内でも複数工事が同時に進められていることが多い。

造山と上石津ミサンザイの墳丘が、同じ規格に基づいて同一に設計、完成したことは大きな意味がある。

一つの古墳を造りあげた技術集団がそのまま次へ移動したこともあるだろうが、同一地域内だけでなく他の地域にも、同時に大工事が併行して進行したあとがある。

技術集団は複数、多数のチームがあった。

これら技術者の分野は多岐にわかれるが、どこで教育をうけ専門技術を修得したものだろう。

一子相伝、というような少数でない。

そして和泉で石津丘、吉備に於いては造山がほぼ同時期に、それぞれの地に初めて造られた超大型古墳であることに興味と疑問が湧く。誰が造山造営技術集団を教育したのか？　多分その地は纒向ではなかったか？　箸墓、渋谷向山、行灯山、それに先行する石塚などが技術集団の実地訓練、教育、技術修得の場であったという推測がなりたつ。

工事設計の技術者、アシスタントは複数のグループに編成されていた。

技術者の養成も、どこかで絶えず行なわれており、各地に派遣されていたことが充分察しられる。

あるゼミナールで石野博信氏から「纒向で九州の土器が出

た」と初めて聞いた。質疑のおりそれを質したが、九州土器が出たことを明言されたので質問した。「九州の土器があるとすれば、纒向出土土器と初期古墳・纒向型古墳の分布が一致するが……」「ということは纒向が古墳築造の教習場所であった、ということですか」「そう考えられないか」一笑に付され返答を頂いた記憶がない。

2000年秋、桜井市埋蔵文化財センターで、同市教育委員会清水真一氏[※]から「纒向は古墳築造のキャンプ地、という人もいる」と聞いて我が意を得た、の思いであった。

2. 労務部門

◎人員徴発計画

3世紀中葉以降、纒向とその近辺には引き続いて古墳が造られた。石塚、矢塚、東田大塚、メスリ山の体積合計約52,000m^3に対し、箸墓300,000m^3、渋谷向山390,000m^3（石川昇氏）、更に行灯山、西殿塚そしてそれらの陪冢と続く頃は、労働力の確保は何にましても緊急事であった。

奈良時代の総人口は600万とされている。人口増加率を1世紀で15％と試算すれば3世紀の総人口は300万、4世紀350万、5世紀400万程度と推定される。

1985年大林組の試算では大仙陵で延べ6,800,700名、工期15年8カ月（除ハニワ）、岡山・造山について大本組は造成、葺石、埴輪、棺、石室に延べ1,500,000人、1日1,000名就労して4年以上と試算がでている。

◎かつての日本軍隊は、員数合わせ、即ち就役人員数を合わせることしか考えず、後方の生産力、生産にたずさわる人口を極端に欠乏させて補給をゼロに落としたあげく、兵に支給する武器、被服も欠く愚行・愚考をやった。律令、戸籍もなかった時代でも、賢者の下に訓練した者がいれば、20世紀の日本の愚を犯すことなく、稲田を作る人間、食糧を生産する労働力は残す徴発計画であったことだろう。膨大な人員動員計画がなされたが、この長期間交替もなく同一人物を使いつづけた、とは考えられない。

万葉集には防人の秀歌が残されている。

○霰降り鹿島の神を祈りつつ
　　　皇御軍《スメラミクサ》士に我は来にしを
○今日よりは顧りみなくて大君の
　　　醜の御盾と出でたつ我は

戦時はこの類の歌が士気昂揚に引用されたが、これらの歌がよまれた8世紀半ば、およそ50戸からなる村から一人徴兵される防人は21～60歳。東国から引率されて難波を経て太宰府に送られたが三年交替であった。

8世紀ですら計画性ルールはできたいた。

五味川純平の名著「人間の条件」に中国山東省から徴発された苦力《クーリー》（労働者）が貨物列車に満載され、満州（中国東北部）の砿山に送りこまれ、厳しい監視下で強制使役される状況が克明に描かれている。同題名の映画で仲代達矢がすばらしい演技をみせた。日本名画の一つに数えられるだろう。

この苦力のシーンも、苦力の親分との人間的やりとりが印象的だった。

スターリン・ソ連の抑留はそれ以下、非人道の扱いで、非人道と悪環境の中で70万のうち7万人が異国の土になり再び故国に還れなかった。

1500～1600年前でも、こんな暴挙、愚行はしなかっただろう。徴発した者には拘束期間も示していた、と思う。労働意欲を持続させるための最少の処置である。

◎宿舎

古墳の近くに宿舎が建設されていたことは多くの発掘例がある。

当時の掘立建物では規模と収容人員に限度があり、数百を数える人員を収容するには数棟数十棟が必要であった。

大仙陵は「1,000人で15年を要した」と大林組の試算だが、同時就労1,000名は同社の長年の工事から算出された人員だろう。

一日の就労1,000名ということは多くの分野のスタッフを加えれば、その人員は更にふくらむ。それに応じた宿舎があった。

スターリン・ソ連の抑留者宿舎はバラック、燃料不足のペーチカが一基で、室内で氷の張ることもあった。2段の蚕棚、2m×60cmが居住区のすべて、寝返りはおろかプライバシーもなく、食糧は生きるための最低限度、幾度も帰国のデマにだまされた。繰り返すがまさか当時でもこんな非人道的な扱いはしなかったハズだ。

伐採された樹木は宿舎や燃料に活用されたことは無論であるが、それだけでは不足、次第に遠くなる伐採地も計算されねばならぬ。

◎食糧

人員、期間に応じた食糧確保はいうまでもない。日々の食糧を各人毎に支給しては非能率、集団毎に炊事担当がいたと考えたい。

スターリン・ソ連でも、一人当たりパン、肉の量はいくらと一応決まっていたそうだが、フスマが混入した黒パンは水分を多く含んでボテッと重く、量と重さが不均衡だった。肉の重量の大半は骨、「首から上」を支給されたことがあるが殆どが骨で、タンは抜いてあった。美味い個所はロシア人もよく知っており加えてピンハネがきつかった。

日本人国内の就労では、そんな非道の扱いはなかった、と信じる。働かせるために食糧は必要であるからだ。粗食であったろうが、腹いっぱいは喰わしただろう。精白度も低く脚気の心配はない。食糧の量の補給には充分配慮したことと思う。

人間の生存を否定したスターリン・ソ連の扱いは論外であった。

◎衣服、衛生管理

作業、長期間の拘束に着換え衣料まで持参して……とは考えられない。

工具などと同様、衣服も期間に応じて支給したことであろう。そのため人員、期間に応じた調達の計画がなされていた。そうでなければ長期間の就労は考えられない。

スターリン・ソ連では2年10カ月の間に、ズボン1・靴下にかわる三角布2枚を支給されたが、これは良い方だったかも……。人を働かせるため、どんなに悪くともスターリン・ソ連に劣ることなどあるハズがない。

3. 工事部門

◎杭うち、縄ばり

まず伐採、整地。主軸線を中心にして基本設計図に基づいて杭うち、縄ばりが行なわれる。

設計の方法には多くの方の説があるが、わかり易いのは堅田直氏の説であろう。尺度も研究者によっていくつかある。その何れかが適用されたことであろう。

整地には水平を保つことが大切だが、弥生時代から水田、畦つくりの経験が積み重ねられて、溝を掘り水をみたして水平をとる。その技術を生かすことができる。傾斜地の周濠は幾段にもなっているが、高度な技術をもっていた。

設計者と工事責任者がOKすれば、作業は進捗する。

◎土掘り、運搬、水抜き掘削

3世紀ころの工具は木製、4世紀になると一部で鉄を用いた工具が使われる。

築造労力の大半は土掘りと運搬に費やされた。掘土作業の経験は幾度かある。

1938年7〜8月、神戸の土石流災害で埋もれた人家を掘りだした。このとき掘り出した砂の処分はどうしたか、全く記憶がない。

建国2600年を迎える橿原神宮造営工事に駆りだされた1939年には、米を持参してバラックに寝泊まりし毎日モッコを担いだ。

1944年夏、中国東北地方ソ連国境に近い地域で、必ず侵攻してくる敵に備え、散兵壕と、斜面をL型に掘りこむ「対戦車壕」を構築していた。こんなもので30屯戦車を阻止できるのか、疑いは深かった。

1945年8月、対ソ開戦のおり、携帯用の小さな円匙、十字鍬で旅順の岩盤と戦っていた。掘れど掘れど跳ね返されるばっかりだった。

そしてソ連では極悪の環境で、木製工具で土掘りや運搬の毎日だった。木製工具が鉄製に較べていかに非効率で使い難いか、いやというほど体験した。凍結を防ぐため水道管は地下2m以上も深い。土を上げ損ねると頭からかぶる。

ただ中国東北部・ソ連はともに砂質系の地質で、旅順の岩盤に比して作業は容易であったが、土質が作業量の多寡を左右することが身に染みている。モッコ運びは、土掘りと比較すれば楽、といえる。土掘り作業は、まず墳丘周囲の濠の土を盛ることから始まる。湧き水を排出する“水抜き”も大切な工事である。

しかし濠の土量では墳丘の何分の一にしかならない。ウワナベ、築山の濠は意外に深くなかった。採土地の遠近、土質も工事の進捗に大きい影響を与える。用地選びはその点も考慮されたことだろう。

修復中の築山古墳周濠

土の運搬は背負い篭、天秤棒で前後2個の篭、また2人で1個のモッコを運ぶ法があるが、橿原神宮造営工事でやったように後者の能率がよいようだ。多分そのようにしたことだろう。

運搬距離、作業状況によって土掘り、運搬の人員が修正配置された。

◎工具担当

工具は大別してクワ、スキ、運搬用具、整地用のトンボ、版築（土を固める）槌などである。4世紀には鉄も入手できるようになるとともに、水田耕作によって培われた技術、工具は向上してくる。

泥よけをつけたクワ、刃先に鉄をつけた工具、鉄製のクワ、新型式のスキなどが古墳期の初めころに出現する。堅いカシの用具も、鉄刃のついた工具も酷使によって消耗もはげしい。

必要量を準備製作、補修して工事部門の要求に応えるため、専門の部門、専門工人は当然のことだろう。或いは自分の工具は自分で補修する掟があったかとも思うが、作業能率を考えると矢張り、修理・製作専門工がいた、とするのが道理だろう。

◎工事検査

土掘りが進み一定の高さになれば、土を搗き固める。島根、大念寺古墳は版築の層をはぎとって、保存処理をした。

つき固める時期を計り、工事進捗状況をチェックして人員、労力振りわけをも考えねばならない。

検査係は、盛り土が計画通りなされているかを点検、工事各部門の進捗状況に対応する融通性・適応性が求められる部署で、仕事に精通して経験の多い人物が当たっていたであろう。

古墳断面はぎとり保存
出雲の前方後円墳
築造法の解明へ前進

1986年7月25日　朝日新聞

4）附帯工事

◎ハニワ

ハニワについては設計、製作、燃料、運搬の部門があり、設計、製作は無論専門工人である。

特別巨大サイズ、ドラム缶のお化けみたいな2.4mの大円筒埴輪の復元には数名が9カ月を要したと聞いている。

古墳の基本設計の同時期に、人物、形象、円筒などの種類、サイズ、数量、レイアウトなどすべてその段階で決まることである。

竜角寺101号墳埴輪群

群馬出土の武人ハニワは、全長125cmを超える。大仙陵の埴輪列の総延長は7,500mに及び、口径40cm底径30cm高さ1mの円筒埴輪を50cm間隔に設置すると総数15,000個になり、古代製法の制作費は20.5億と林《はやし》章《あきら》氏の計算がある。

五色塚　葺石と埴輪列

竜角寺101号は小型の帆立貝式墳であるが、263本の埴輪を築造当時のままに復元し、往時を偲ばせる。これらの人物、馬、鶏は何れも表情豊かで、往古の人々の造形の美しさがうかがえる。古墳の周囲の埴輪は、復元にかかわらず生き生きとした表情が目にうつる。

本体の石葺きが終わるころに合わせ、運搬車のない時代に、破損せぬよう運ぶ手段、人員を考えねばならぬ。

数十キロはなれた古墳の埴輪が同一集団、同じ工人の手によって造られた例もある。製作集団が招致されたものだろう。土、燃料についてはいうまでもない。

◎葺石

主墳と採石場が遠くはなれぬことも、当然選定のひとつの条件でもあった。

復元された神戸・五色塚（墳長194m）の葺石は1㎡あたり70個・220kg、計2,233,500個・2,754トン、一部は淡路島から流れの強い明石海峡を渡って運ばれている。大仙陵の施工面積72,500㎡、1㎡当たり74個とすれば5,365,000個・14,000トンに達する（林章氏）。

また一瀬和夫氏の計算では本体のみで7,628,205個・19,905トン。これらの石の多くは石津川で、通常近くの河原石を葺くことが多い。何れにせよ膨大な労働力を要している。

六呂瀬1号墳の体験イベントは別に記す通りである。

箸墓は「夜は神つくり昼は人つくる。大坂山より手渡しで運ぶ」とあるように、近くの河原石とともに大和盆地を西から東へ横断して運んだ例もある。一列に並んで手渡ししたか、背負い篭で運んだことが考えられる。

運搬距離、表面積によって必要労働力、日数が算出され、土盛り工事の進行見通しに合わせて労働力の割り振りを替えねばならぬ。十分に計算されたことだろう。

◎石棺

九州の古墳に用いられる石棺には、阿蘇熔岩で作られた例の多いのは当然であるが、岡山・造山、大阪・道明寺小学校の石棺など、阿蘇熔結凝灰岩製の石棺を見たときは、何とも不可思議な思いが一杯だった。

阿蘇熔結凝灰岩で造られた棺は島原半島を迂回して関門海峡の急流を渡り、瀬戸内海の沿岸にそって愛媛、岡山、兵庫、大阪まで、来島海峡、明石海峡の難所を渡って大和川を遡上して大和へ、また淀川を遡って京都にまで達している。「推古帝母子埋葬か」と問題を投げかけた橿原五条野・植山古墳は6世紀末に築かれ竹田皇子の墓との説がある。その右石室石棺が「阿蘇熔結凝灰岩」と知って驚いた。

兵庫・竜山石は飛鳥・大阪そして岡山を通り越して広島へ運ばれている。その反面、香川・鷲の山の石は地元石清尾山は無論のこと畿内にも多く送られている。河内・安福寺の直弧文様割竹型石棺は、今も鮮やかな文様を残している（遺体を納める凹みが一見小さく思えるが、横たわってみると充分の広さがあった）。

勝負山出土と伝わる安福寺石棺。讃岐・鷲の山産石、直孤文様割竹型。

現地で完成品に仕上げて海路運んだ。筏を組んで水中に吊して運んだ、と考えていたが、筏に積んで運んだものらしい。満干潮の流れを巧みに利用したことだろう。今でも難所の海峡、水路をどうやって、どれほどの日数を要して運んだものか判断つかぬが、古墳設計の段階の極めて早い時期に、製作の指示命令が下されていたものだろう。

阿蘇熔結凝灰岩の産地、宇土半島地域が、石棺所在地の首長とどのような関係にあったか、支配をどう受け入れていたかは想像の域になる。ヤマト、河内から竜山石の播磨へ100km、讃岐・鷲の山へ200km、宇土半島へ700km以上、墳丘の完成に合わせて到着するようにしたシステム、権力は想像を絶する。

ただ群馬・太田天神山、御富士山の石棺について「王の死をいたみ大和から石工が招かれて造った」と同義の説を研究者が述べているが、これには単純に賛同できぬ点がある。

◎石室

石室の設計に適合する大小いくつもの石塊は、早い段階で採石場を決め運搬の準備がすすめられる。

修羅、コロが使われた。飛鳥・石舞台の天井巨石は77トン、数キロ上流の石で、天井石の重いことが石室の崩壊を防いでいる。

石組の技術は朝鮮から得て、高度な技術水準に達していただろう。運搬距離、体積、個数、地形によって労働力が計算され、土盛りの進度に応じて適切な労働力が振り向けられていた。

巨石で築かれた石室には、計算しつくされた古代人の知恵を見る思いがする。一般的な知識は現代人の方が進んでいるものの、いま「巨石を組め」と言われても、土建関係者でなければ築きあげることも、指揮することもできない。

石舞台の石は、最初の石を据えたあと、その石の高さまで石室の内外に土を盛り、石を積みあげると更にその高さまで土を盛る。くり返して天井石を乗せてから石室内の土を運び出し石室の空間が生まれる。理屈では解るが実際にできるだろうか？

（古墳に巨石を用いるのは年代が下がってからのことになる。）

土木建設については全く経験はないが、考えたことをまとめたのが上記の通りである。大仙陵工事の労働量を計算した林章氏のレジュメに造営の施工順序が①伐採・除根→②地割（測量）→③周溝工事→④排水計画→⑤土工事（掘削・運搬・盛土）→⑥葺石・埴輪工事→⑦石室工事（完成）　となっている。

まだ細部に気付かぬ点、考えの及ばぬことも多い。これからその穴を埋めねばならぬ。

前述、野津健治氏に頂いた組織図は次の通りであとあと再び考えねばならぬことがあるため、全社の組織図2枚はカットし工事現場の組織図2枚を載せておく。

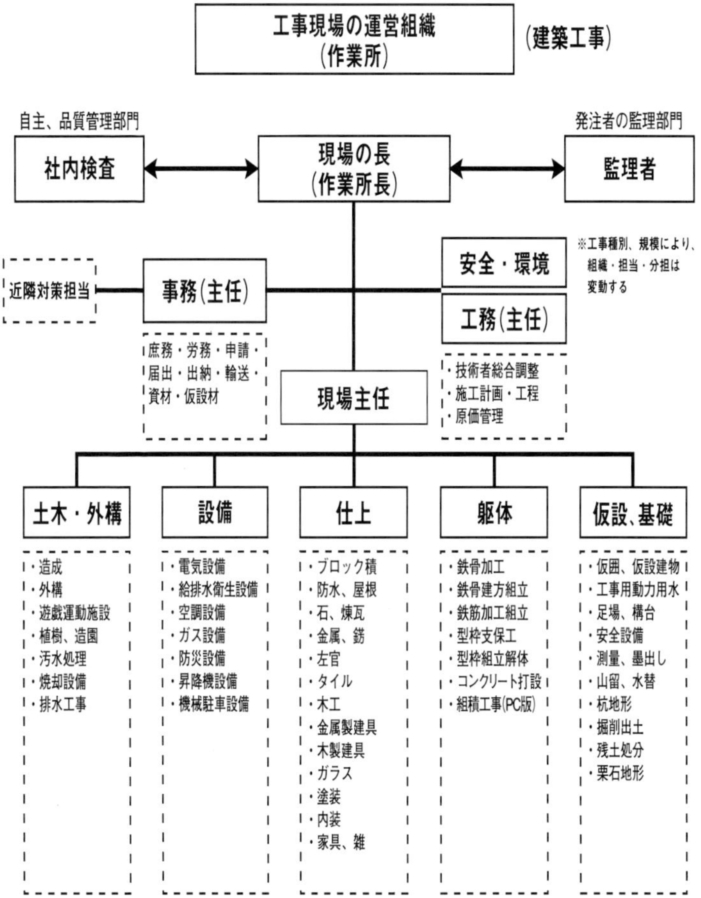

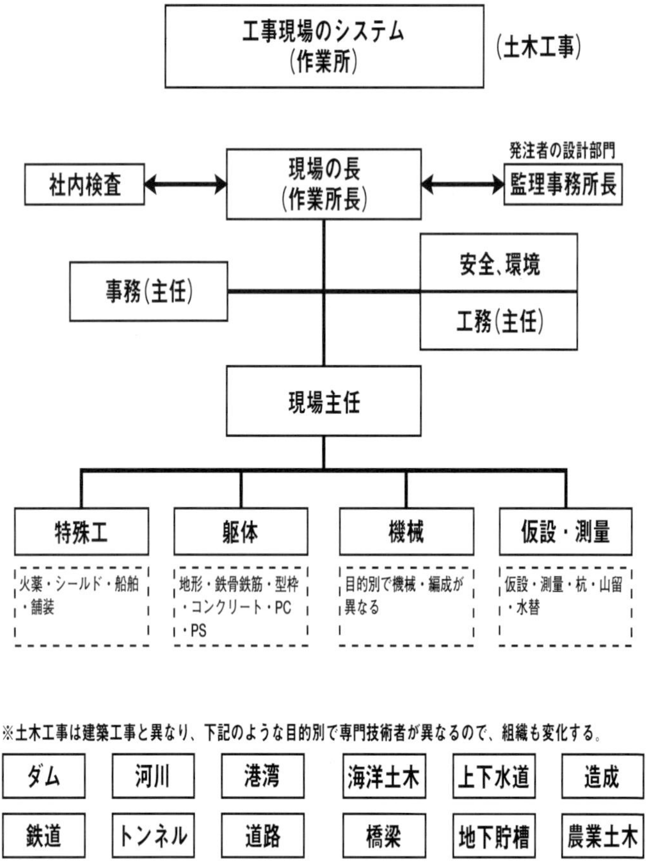

清水真一氏

2000年9月30日、第254回東アジア古代文化を考える大阪の会で「古墳はどのようにして生まれたか」を拝聴した。この会で同氏の話を伺うのは2度目になった。

ヤマト政権の中心地とされる纒向遺跡について同氏は、1995年9月11日から15回にわたり毎日新聞奈良版に連載したが、その14回目に「邪馬台国は北九州」と断言した。

当時毎日新聞には岡本健一氏が健筆をふるっていた。邪馬台国に関する著書で知られる通り、岡本氏は「邪馬台国畿内説」である。

第6章
陪冢の疑問

雲部車塚と陪冢

■陪冢とは？

かつて仕事上の取引関係で、年数回プレイした鳳鳴カントリークラブの帰路、幾度か雲部車塚（墳長143m、四道将軍のひとり丹波道主の陵墓伝説がある。5世紀後半の築造）に立ち寄り、「陪冢」という存在に気付いた。

くびれ部を挟むように南北に各1基、キチンと2基が配置され、「車塚」の名の由来になっている（正確には後円部西にもう1基ある。後述）。

古墳の築造に共通する企画性があることは多くの研究者の説く通りで、実際に現地を訪れ実感する例も多い。

主墳に伴随する陪冢も、当然何らかの企画性が共通存在しているだろう、とおぼろげに考えていたが、誉田山（伝応神陵）大仙古墳（伝仁徳陵）など幾度も歩くうち「その位置が何だか変？」と僅かづつ疑問が湧いてきたのは随分と歳月を経たあとだった。

吉備・造山（主軸長第4位・350m）は数基の陪冢を従えて

いる。そして西へわずか数キロ、同じ5世紀の築造で国内第9位286mの墳長をもつ作山には陪冢が認められない。

両墳につづく両宮山（墳長192m、吉備地方第3位）には1基の陪冢がある。

少しばかりの疑問をもって陪冢を調べていると、不可解なことが続出する。

発掘調査の例が少なく、研究者が声を大にして叫んでも宮内庁が立ち入りも調査も頑として拒んでいる個所が極めて多い。

宮内庁のかたくな態度が、古代史研究を拒んでいる。宮内庁は「皇室ご先祖の墓所」を名分にしているが、そこが皇室の先祖の墓所かどうかは調査せねば判らない。

現在、宮内庁の管理地は陵（歴代天皇、皇后の墓）186ヵ所、墓（皇子、皇女を祀る）約550ヵ所、参考地46ヵ所、陪冢多数、分骨所、火葬塚、灰塚42ヵ所、髪歯仏塔というのも68ヵ所がある。

閉鎖的な宮内庁であるが、陵墓研究の便を計るため閲覧、また写真、複写図面を研究、学術出版、報道などの目的で使用する場合には書陵部長宛に願書を提出すれば342ヵ所について実費頒布を認めている。

大正天皇陵、明治天皇陵を含み「陵」と表記した個所は約120。そして陪冢は「欽明天皇檜隈坂合陵陪冢之図」が 1。それらを含み製図年代の多くは古く、昭和40年（1965年）以降の補正は10余に過ぎない。

ただ学生社から出版された宮内庁書陵部編「陵墓地形図集」にはすべての地形図が集録されているそうだ。

また、見瀬丸山の例のように、明治の初年、指定したあとはピシャリと閉ざして立ち入りを禁じている横穴石室も、それ以前は開口していて立入りも無論フリー、記録に残された個所もあるのだが……。

■陪冢の定義は？

古墳辞典には「大型古墳の近くに立地するから、それらがすべて陪冢であるかどうかは十分な検討が必要。主墳に対して時間的、性格の点でも両者は有機的な関連でとらえねばならぬ」と要点を簡明に指摘している。

笠井敏光氏（羽曳野市教育委員会）は陪冢の発生を段階的にとらえ（王墓と陪冢、1997年、別冊歴史読本）その概要を

発生第一段階＝柳本古墳群の行燈山（伝崇神陵、墳長242m）で前方後円墳、円墳各三基のほか渋谷向山（伝景行陵・302m）、五社神（伝神功皇陵・276m）、宝来山（伝垂仁陵・227m）の周辺に陪冢を認め、天神山のように主墳（行燈山）に比して大きな格差は認められず、絶対的な身分秩序を表していない。

第二段階＝王墓として完成された古墳時代中期で、墓山（224m）、誉田山（伝応神陵・420m）、市野山（伝允恭陵・227m）、大仙（伝仁徳陵・486m）、コナベ（204m）、ウワナベ（265m）など主墳に対し隔絶的な従属性を示し、配置に計画性が認められる。

第三段階＝古墳時代後期にあたり、岡ミサンザイ（伝仲哀陵・238m）、白髪山（伝清寧陵）など計画性を認められるが、陪冢の数は減じ、わずか1〜2基にとどまる。

即ち第一段階には前方後円墳をふくみ、被葬者は主墳の近親者。

第二段階では、帆立貝式、円墳、方墳で主墳に対し絶対的な差、階層的主従関係、統治機構の組織を表す。

第三段階は第一段階に似た様相で、つまり厳密な意味での陪冢は第2段階、古市、百舌鳥古墳群に限定される。と踏みこ

んだ説を展開している。優れた見解と思う。

■大仙陵のケース　陪冢はどれ？

大仙陵一周2850mの回周路内外に20基ほどの「陪冢」が存在しているが、研究者の意見もそれぞれ異なる。

石川昇、中井政弘、原島礼二、森浩一各氏の想定する陪冢、宮内庁管理墳を次表にまとめた。要約すれば、石川昇氏は、前方後円墳2基を『政権内にあって「主墳の主」の高級幕僚的存在。7基の帆立貝式の被葬者は政権内の中級ないし下級政務執行官的地位にあった者。円墳7基と2基の方墳被葬者を「主墳の主」の家務に当たった人物』とみている。

原島礼二氏は、前方部東南付近でさらに1～2基追加されるかもしれない。永山、長山はともに100m余の前方後円墳で、主墳の附属施設という意味の陪冢から除外すべき、としている。

堺市教育委員会に勤務する中井政弘氏はその著書「仁徳陵。1992年」で、永山古墳自体が陪冢をもっていた可能性があることから、長塚とともに陪冢に疑問があり、坊主山もはずした方がよい、陪冢可能性が高い古墳のうち前方後円墳7基はすべて帆立貝式、この時期、一定の規制があった、とし更に内部施設が行なわれた塚廻古墳について、人体埋葬ははっきりしない。副葬品の埋葬に主力がおかれたようで、長さ6cmのひすい勾玉をはじめ、小古墳にかかわらず銅鏡、刀剣、硬玉などの勾玉管玉類を出土、普通の小古墳と性格の異なった点を紹介している。

森浩一氏は、狐山、竜佐山、孫太夫山、収塚は前方部を西に向け、大仙陵造営と同じ工事計画で構築され、茶山、大安寺山は大仙造営より以前、既に存在しており、大仙の工事にさいしても破壊されることがなく「巨大古墳の世紀」と述べている。

宮内庁は東南部の古墳を、なぜか指定から外し、指定されたものは旧舳松林域内。明治期の村の水田経営のあり方の違い、「明治初年、陪冢は全部民有なりしも、納租の証左なかりしを以て、陪塚に編入」と中井氏の著作で知った。

立ち入りは許されぬが、間近く眺めることのできる大仙陪冢についても、説がこれだけ分かれている。

前記、笠井敏光氏の第1～3期分類は、優れた指摘と思うが、広く分布する陪冢を調べてみたい。そこから何かが得られるかも知れないとささやかな希望をもって各地の陪冢を調べてみることにした。

無論以下がすべてでない。宮崎県西都原古墳群から、生目古墳群を経て大隅半島の唐仁、横瀬への道を急いだため「松本塚」を不本意ながらカットした。今となってはくれぐれも悔やまれる。同様に未知未見、誤解、見落としも多いと考える。これから月日をかけて調べ追加訂正したい。

大仙陵陪冢　源右衛山　次ページNo.2

大仙陵陪冢　銅亀山　次ページNo.14

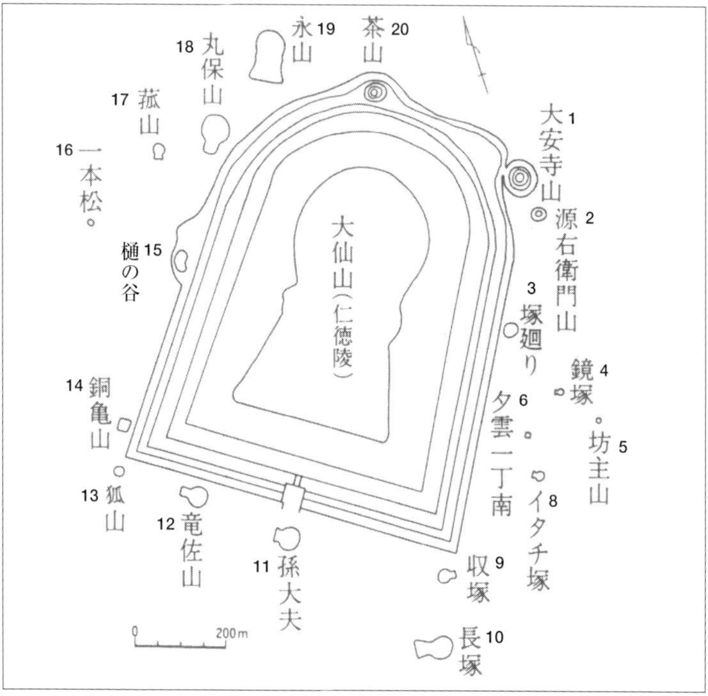

記号	名　称				石川	中井	原島	森	宮内庁
1	大安寺山	円	径	60m	○	○	帆？	○	○
2	源右衛門	円	径	40m	○	○	○	○	○
3	塚回り	円	径	35m	○	○	帆？	○	
4	鏡塚	帆	長	35m	○	○			
5	坊主山	円	径	10m	○		○	○	
6	夕雲南1丁目	方	辺	10m	○	○		○	
7	新知見	帆				○			
8	イタチ塚	帆	長	46m	○				
9	収塚	帆	長	42m	○	○	○	○	
10	長塚		長	100m	○				
11	孫太夫	帆	長	74m	○	○	○	○	○
12	竜佐山	帆	長	67m	○	○	○	○	○
13	狐山	円	径	23m	○	○	○	○	○
14	銅亀山	方	辺	26m	○	○	○	○	○
15	樋の谷	円？	径	47m		○			○
16	一本松	円	径	13m	○	○			
17	菰山	帆	長	36m	○	○	○		△
18	丸保山	帆	長	87m	○	○	○	○	○
19	永山		長	104m	○				○
20	茶山	円	径	55m	○	○	○	○	○
	丸保山前方部南							○	

（　＝前方後円墳）

天皇陵とその名称

仁徳天皇陵と伝承されている陵は、堺市大仙町にあって、全国一の墳長を計る巨大墳であるが、仁徳天皇とされる人物が葬られている、という確証はない。

皇統系譜では仁徳の子とされる履中を祀る陵は仁徳陵の南にあって第三位の巨大墳であるが、考古学的な知見では仁徳陵より先に築かれた、とみられ系譜と一致しない。このような例が少なからずあるため、古墳所在地で呼ぶことが定着している。

現呼称	伝承	築造時期	墳長	
西殿塚	手白香媛	前期／前～中	220m	奈良
行燈山	崇神陵	前期／後半	242m	〃
五社神	神功皇后	前期／中～後	275m	〃
渋谷向山	景行陵	前期／後半	310m	〃
宝来山	垂仁陵	前期／後半	227m	〃
佐紀石塚山	成務陵	前期／後半	219m	〃
佐紀陵山	日葉酢媛陵	前期／後半	207m	〃
仲津山	仲津媛	中期／前半	219m	〃
誉田山（誉田御廟山）	応神陵	中期／中葉	417m	大阪
石津山（石津ミサンザイ）	履中陵	中期／前～中葉	365m	〃
太田茶臼山	継体陵	中期／中葉	229m	〃
ヒシアゲ山	磐之媛陵	中期／中～後	219m	奈良
大山（大仙）	仁徳陵	中期／後半	486m	〃
田井出山	反正陵	中期／後半	148m	〃
市ノ山	允恭陵	中期／後半	228m	大阪
白髪山	清寧陵	後期／後半	112m	〃
野中ボケ山	仁賢陵	後期／後半	120m	〃
岡ミサンザイ	仲哀陵	後期／後半	235m	〃

第7章
各地の陪冢

■男狭穂《おさほ》塚（前期／後半） 女狭穂《めさほ》塚（中期／前半）

□宮崎県西都市

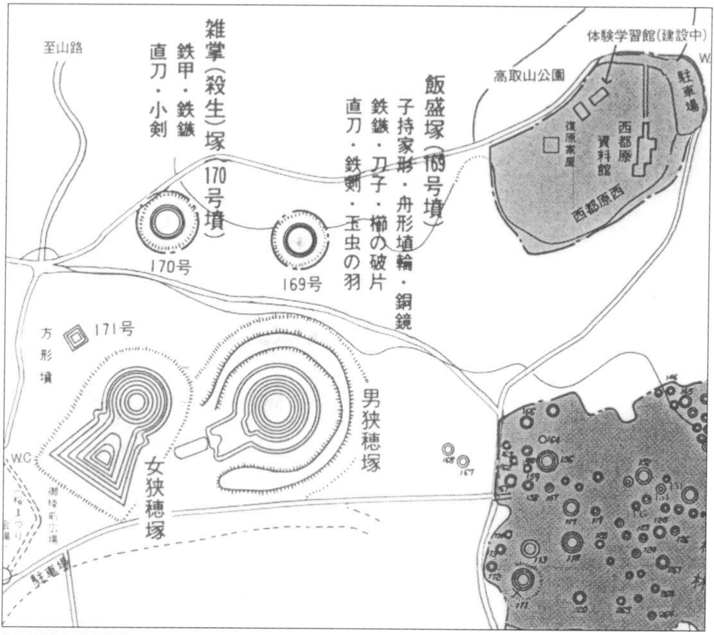

西都原古墳群図

西都原古墳群は古墳時代の初めから最終の段階まで311基の高塚古墳、地下式横穴墓、横穴墓が引き続いて造られている。ヤマトから遠くはなれた日向の地には西都原をはじめ、南方、持田、川南、一ツ瀬、新田原、下北方、本庄、生目といずれも前方後円墳を主とする古墳群が多く、外洋を渡って瀬戸内、畿内との交流が長期間に亘り頻繁に行なわれたことが理解できる。

これだけの古墳を造りつづけた勢力は、どれほど大きな力を有していたのだろう。整備された古墳群の中に立つと疑問が果てしなく湧いてくる。

盟主塚・男狭穂は墳長167m、女狭穂は177m、ともに陪冢を伴う古墳としては最南の位置にある。

【西都原169号（飯盛塚）】

径44m高さ7m、周溝は伴わない。この古墳群では最大の円墳で、男狭穂塚の陪冢と推定されている。

国重要文化財の指定をうけた舟形・子持家形埴輪のほか形象埴輪、円筒埴輪が配置され、副葬品として小型珠文鏡、直刀、刀子、鉄製斧頭、銅釧、鉄鏃片が出土し、副葬品だけを納めたようで、埋葬遺構は発見されていない。

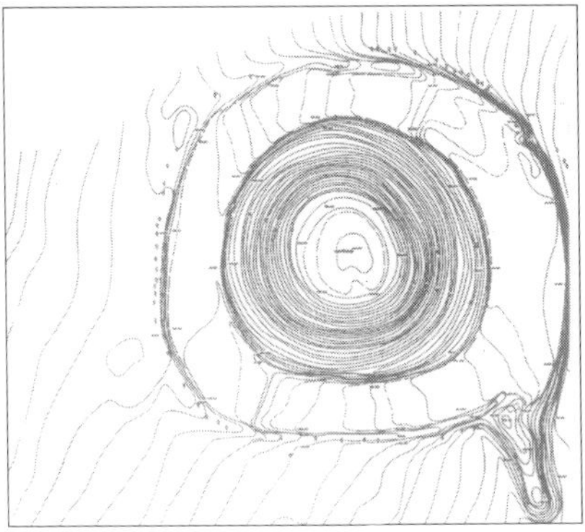

西都原169号墳

西都原169号

【西都原171号】

女狭穂塚のすぐ南西にあり陪冢として位置づけられている。一辺23m高さ4.5mの方墳。

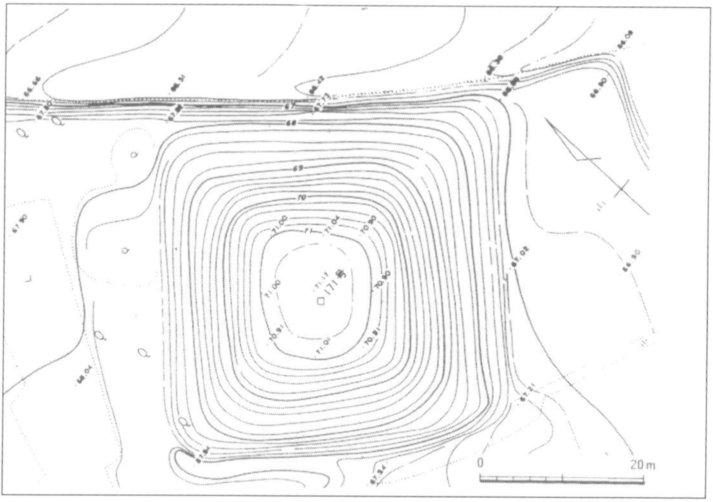

西都原171号

家形埴輪、草摺付甲形埴輪のほか墳頂部に49、墳裾部に88の円筒埴輪が埋納されていた。編年は5世紀前半～中ごろの時期に推定されている。

【西都原170号・雑掌(殺生)塚】

径45m高さ1.8m、周堀を伴う円墳で、男狭塚、女狭塚から西へ130m、169号と同じく丸山丘陵台地に築造されているので、どちらかといえば男狭穂塚の陪冢とみなした方がよい。

短甲、頸甲《あかべよろい》、直刀8、小剣7、鉄鏃などとともに出土した切妻式家形埴輪はこの古墳の上で祭祀的儀礼が行なわれていたと推測され、5世紀前半の中ごろの築造と考えられる(宮崎県史)。

東西4.2km南北2.5kmの広くもない範囲に311基の高塚古墳が密集し、その中でも第1古墳群・第3古墳群は、墳丘を接するように集中している。

72号（一本松塚）に隣接する円墳70・71・274号は大正初年の調査時に発掘が行なわれ、当時は陪冢と呼ばれていたが遺物未確認で、72号と比較ができない現在では、陪冢と断言できない面もある。

西都原170号

そしてまた46号の周囲にも円墳が多数存在している。前方後円墳の46号そのものが未調査で、位置関係だけで陪冢と考えるのは難しいと思われている。（資料：西都原資料館　山本琢也氏）

前に述べた通りここから生目、下北方古墳群、最南端の前方後円墳・唐仁、横瀬への道を急いで松本塚をカットした。

航空写真を眺めると後円部から少しはなれて柄鏡式の陪冢らしいものが存在している。

今となってはいささか悔いが残る。

■小坂大塚

□大分県三重町、中期／前半、前方後円墳、墳長43m

陪冢といわれる部分について、出土遺物もないため可能性はあるが実体は不明、として町教育委員会・諸岡郁氏から（大分県文化財調査報告書100輯「大分の前方後円墳」1998）

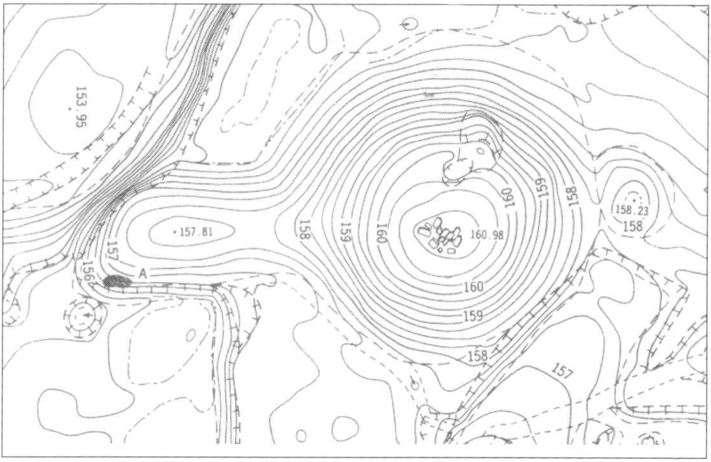

小坂大塚墳

の一部分の写しを頂いた。

引用すると、「後円北東側の主軸線上に隣接して、径約6m、高さ約1m程度の塚状の盛土があるが、陪冢なのか古墳に附属する何らかの施設なのかその詳細については明らかでない」とある。

同地域の古墳には企画の共通性がみられる。即ち他の古墳と同様に、前方部を西側にとり、その主軸をほぼ東西の方向に統一築成され、墳形は他の4基（1基は崩壊が著しいため明らかではない）の前方後円墳とともに柄鏡型墳形をしており、またいずれの古墳も標高約150m程の台地上に築成されている。

このことから小坂大塚古墳をはじめとした地域の前方後円墳には、築成に関する何らかの規制が働いていた可能性が考えられている。

■下山古墳

□大分県臼杵市、中期／後半、前方後円墳、墳長68m

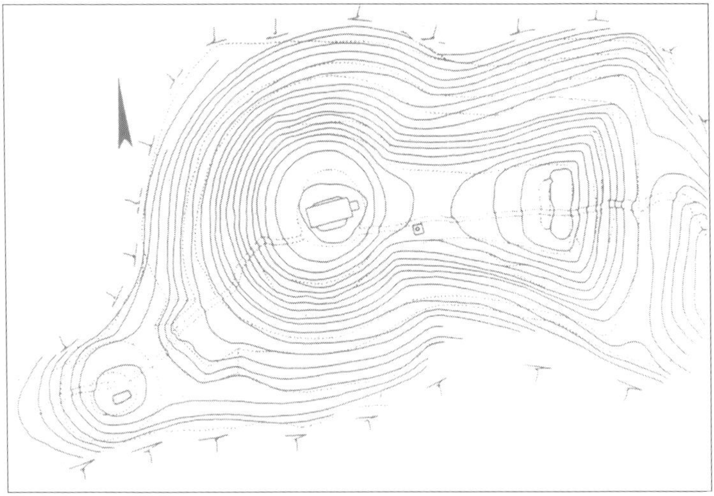

下山古墳　前方後円墳集成より

発掘調査が行なわれていないため、詳しいことは分かっていないが、鏡、多数の碧玉、管玉、貝釧、鉄刀、鉄剣などを出土し、地元教育委員会では小円墳を「陪冢としての性格をもつ」と想定している。

墳丘上の堀込みは不確実ながら木棺直葬の盗掘跡ともいわれるが、凝灰岩組合家形石棺とも記録が遺っている。

なお同教委、神田高士氏より「後円部先端に造出を設け、その延長線上に小円墳を造るものが越前にも見受けられる」と興味深い教示をいただいた。なるほど手繰ヶ城山、六呂瀬山1号・3号に類似が見受けられる。また椀貸山1号石室は九州の特長を有していた。越前を調べるおり念頭において確かめたい。

■湯崎1号墳

□佐賀県白石町、後期／中～後半、前方後円墳、墳長41m

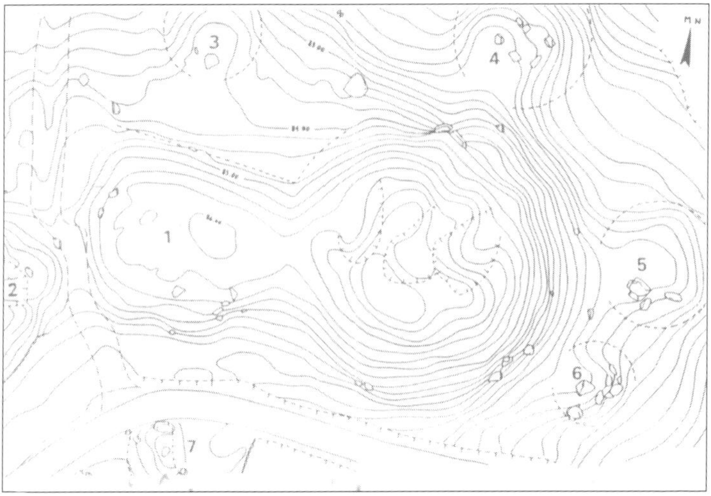

湯崎1号　佐賀県教育委員会原図

白石町は遺跡、古墳の多い筑後、佐賀平野の西部、肥前に通じる道筋に当たる。

1号主墳に近接する小円墳の発掘調査は行なわれていないため確証はないが、3～6号は主墳に伴う小円墳と考えられる。

ただ何れも規模が小さく石材が散乱しているのは削平によるものであろうが、それが石室材であるかどうかは判っていない。

前方部西の（図では2号）円墳は横穴式石室を伴い3～6号墳と規模が異なり、築造時期も下ると考えられるため、3～6号を1号の陪冢と考えてよいようだ。

■塚山（目達原古墳群）

□佐賀県三田川町、5世紀末～6世紀初頭、前方後円墳、
墳長48m

吉野ヶ里のある町、といえばおおまかな位置が理解できる。1942年～1943年、当時の軍隊が飛行場を建設するため、殆どの古墳を削平してしまったが、先達松尾禎作氏が貴重な「佐賀県史蹟名勝天然記念物調査報」を遺されている。

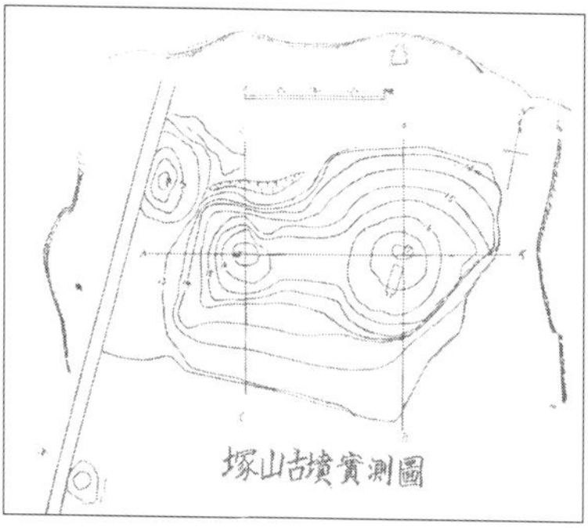

塚山

これが唯一の記録であって、軍事最優先、総力をあげて飛行場建設の最中に、憲兵の監視をうけながら尽くされたご努力には、全く頭の下がる思いがする。

中央や学界にその名は知られずとも、ひたすらその道を究めた篤志の方がいたことを、今になって知った。

1950年3月佐賀県教育委員会で発行されたものを引用すると、飛行場内の4つの前方後円墳には何れも陪冢らしいものがある。

ひょうたん塚には後円部東南約40mのところに「おとも塚」という小墳が近年まであったと伝えられる。

塚山も前方部南西20mのところに陪冢らしいものが、また前方部の中心から西南30mに径6m高さ1mくらいの陪冢らしい堆土があったが、発掘では何もでなかった。陪冢ではないただの堆土か、或いは全く痕跡をとどめぬまで湮滅したのか、一つの研究問題として遺されている。

塚山からの出土品は碧玉管玉、挂甲、刀子、斧、馬具などがあった。（三田川町教育委員会　草野誠司氏提供資料）

稲荷塚も前方部西南約100mの所に「みそせんだつさん」と称する小円墳があって、この地方ではみそを丸めてこの墳に詣れば「オコリ」が落ちる、といわれている。

大塚には北に陪冢らしいものがあって石槨があり、南「古稲荷」との間にも2〜3基あって、その中で一番近い「小塚」は陪冢と考えられていたが、内部主体は何も発見されていない。

■舟塚（今山舟塚）

□佐賀県大和町、4世紀中葉、墳長114m

舟塚　▨は現存古墳

佐賀県下で最大の前方後円墳で、すぐ近くに存在する銚子塚（前期末葉）とともに、きれいな稜線が観察できる。

今山舟塚

家型埴輪、勾玉の出土が伝えられるが、未発掘で詳細は解っていない。

1984年秋はじめて訪れたときは、まだ陪冢に対する認識がなく、主墳に登り足で確かめただけであった。

1999年秋、高速路大和I.C.から舟塚への道を探しあぐねてGSで聞いても「舟塚？」行きつ戻りつ徒らに時間を浪費し、飛行機の時間が迫って再度の観察を断念した。

思いついて隣町の同期生岩谷勝次氏に連絡したが、県軟式テニス協会長の彼は、交通事故で骨折入院中、やむを得ず町教育委員会に問い合わせたが「未調査」の返事をいただき、されば……と都市計画図を請求し取りよせたが1/2000の地図には小さい陪冢は全く記入がなかった。

重ねて町教委に依頼し陪冢位置を記入してもらった次第である。

地元伝承では「まだ4基くらいあった」というが、位置、図面などの資料は残っていない。

弥生文化、古墳文化の花開く筑後、佐賀平野のまん中で遺跡遺産も多い。

発掘は急ぐことばかりが良いとは限らない。当分被葬者に眠りつづけて頂くのが良策かも知れない。

■扇八幡

□福岡県勝山町、後期／後半、前方後円墳、墳長58.8m

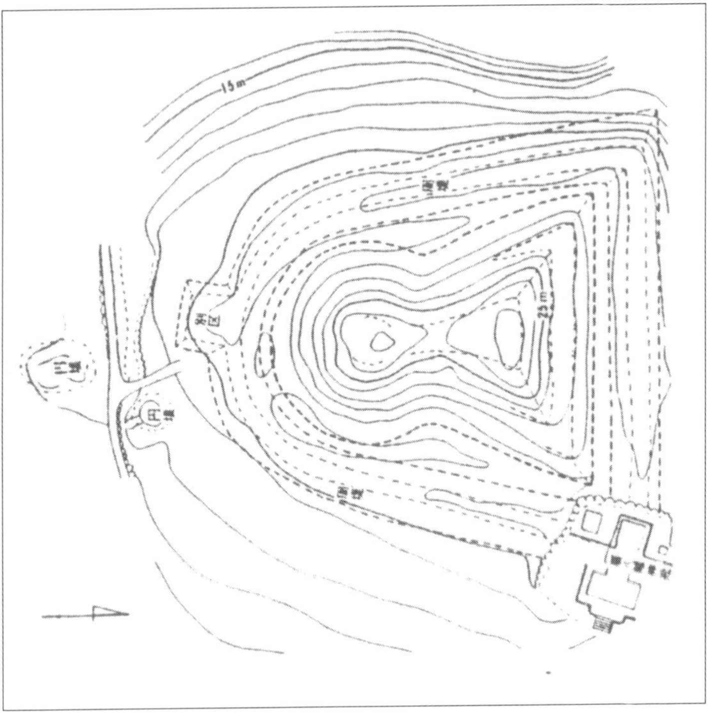

扇八幡　図出典：「福岡県の史跡」

勝山町は周防灘に面した行橋と、田川とのほぼ中間、歴史に富んだ地である。

58mほどの小型前方後円墳で、後円部に造出しを伴う点と周庭を設けている点は興味をひかれる。後円部の造出しは大分・下山古墳と越前に通じるところがあるかも知れない。「前方後円墳集成」に「円墳2基あり、陪冢か」とあるため、記録することにした。

■上ん山

□北九州市、後期／前半、前方後円墳、墳長50m

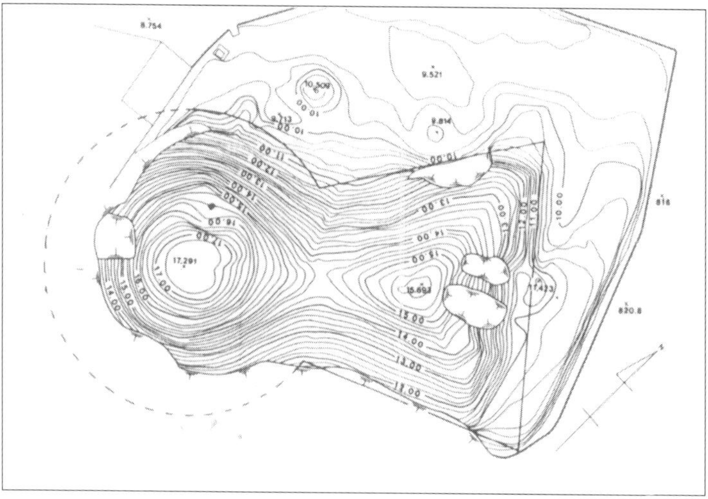

上ん山　図出典：宇野慎敏「荒神森古墳」

円筒埴輪、朝顔形埴輪の出土があるが、削平されて大きく変形している。

丘陵裾部から僅か5mの丘陵上の築造で、陪冢の気配が強いが、教育委員会・関川妥氏から下記の意見を頂いた。

『上ん山古墳については発掘調査が行なわれておりません。したがって現地で実見すると、くびれ部西の円墳状の盛り上がりについては陪冢の可能性があるかと思われますが、いずれのものについても「陪冢か？」とするのが妥当ではないでしょうか。

また本古墳の時期については、6世紀前半頃を考えております。』

■旧寺《ふるでら》古墳群1号

□広島県庄原市、前方後円墳

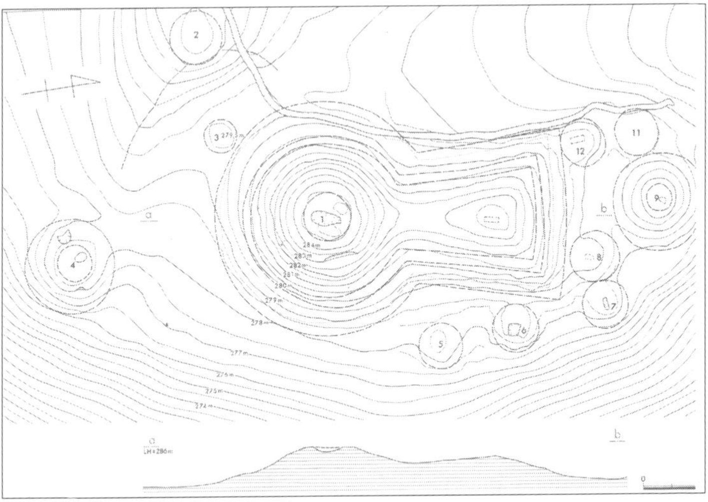

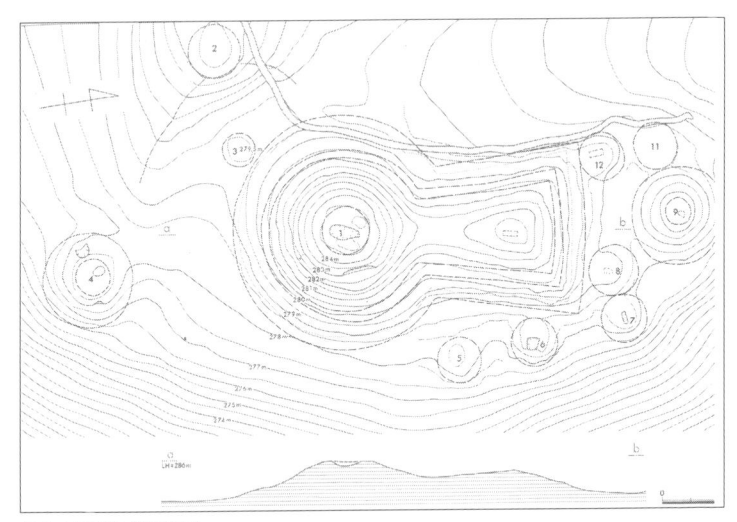

旧寺古墳群地形測量図

庄原市は瀬戸内と宍道湖へ直線距離でそれぞれ約60km、南北にR432が通じ、島根県の古代遺跡、古墳を訪ねる道筋で、中国山地のほぼまん中のこの町を2度通っている。

JR駅から北西約1km、蛇行して流れる西城川右岸にせり出した丘陵に、盟主墳と考えられる1号墳と、それをとり囲む11基の円墳で構成する旧寺古墳群がある。

1号墳は全長11.7m、二段築成で葺石、竪穴式石室の盗掘跡が残り、前方部にも箱式石棺か竪穴式石室がある。

陪冢のうち9号古墳が最大規模、最小は3号古墳で、小礫が集中しほとんど封土をもたず、古墳としては問題が残る。

1号古墳の石室石材を運び去る際に細かく破砕したと伝えられ、それらの不要品を集石した場所の可能性が強い。

	直径(m)	高さ(m)	内部主体
2号古墳	9.0	0.8	
3号古墳	5.5	0.3	
4号古墳	15.7	3.0	
5号古墳	7.5	0.6	
6号古墳	8.1	0.8	
7号古墳	8.1	0.8	
8号古墳	8.6	1.0	
9号古墳	16.2	2.5	
10号古墳	10.2	0.8	確認(N73° W)
11号古墳	8.0	0.2	
12号古墳	8.0	0.5	確認(N18° E)

2〜12号古墳は1号古墳とほぼ同時期と考えられるが、2号古墳は1号古墳築造時の削平面を一部覆って築造されていること、4号古墳は1号古墳築造時の平坦面からやや離れて存在すること、12号古墳の封土が1号古墳の墳裾を若干被っていることなどを考えあわせると、古墳群形成にはある程度の時間幅を考慮する必要があろう。(資料：庄原市教育委員会)

■造山

□岡山市

車の中から初めて造山を眺めた印象は「これは山だ。とても人が造った古墳とは思えない」ほどの偉容だった。

大仙、誉田山、上石津ミサンザイに次ぐ360mの墳丘は、立ち入ることができる日本最大の古墳である。

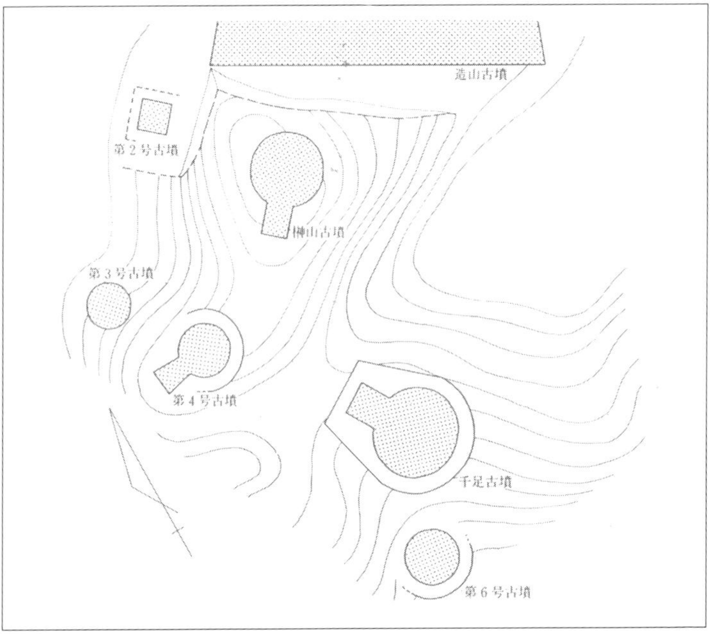

造山古墳

中期中葉の築造で、備前備中には先行する古墳は多いが突如、桁はずれの150万人を動員したと計算される巨大墳が出現する。こんなものは誰が造らせたものだろうか？　6基の陪冢とされる古墳が、すぐ南に存在する。

造山古墳　丘尾切断部

かつては中小古墳が7基存在していたが、現在は6基で、その位置は全般的に計画性に乏しく、地形に沿った配置、と考えられる。事実、地形図をみれば、稜線を活用して築かれていることが理解できる。

そして榊山、千足は主墳より数十年おくれるようだ。

千足の見学は到底無理、と承知しながら再度訪ねたが、保存のため水没にしているようだった。

九州の装飾古墳に似た造りと、造山に残る阿蘇凝灰岩製石棺、それは完成後岡山に運ばれたもので、熊本—岡山のかかわり合いは考える点がある。稲の東進とともに移り住んだ九州人の痕跡だろうか。

2号	方墳	古墳群の回遊歩道建設のため調査が行なわれ、墳丘端から15mの位置で、円筒、朝顔型、盾形ハニワ110本ほど検出している。一辺20m。
3号	円墳	
4号	帆立貝式	長さ54m　前方部長18m
6号	円墳	
榊山	帆立貝式	内部主体などについては不明。コウヤマキ製の木棺が使用されたらしい。出土品には神獣鏡1、帯鉤、金具、砥石、鈴などが知られている。
千足古墳	帆立貝式	長70m　安山岩をつみあげた石室に設けた障壁(長0.88m高0.58m)に、九州の古い横穴式石室にみられる直弧文をほどこした装飾古墳、として知られる。

阿蘇凝灰岩製の石棺は更に東へ運ばれ、最近発見された奈良・植山古墳にも用いられている。

少し余談になるが、植山古墳は推古帝母子の埋葬墓かと中程度にさわがれたが、推古天皇は死後、竹田皇子と一緒に今

阿蘇熔岩製石棺

の橿原市附近に葬られ、後に現在の大阪・太子町に移されたと「記紀」とおりの記述を裏付ける発見だったという。

宮内庁は太子町・山田高塚（方墳63×55m）を指定しているが、幕末に改修されて現在の形になったもの。むしろその南方200mほどにある「二子塚」がそれと推定する説も多い。

1970年代の中頃、間壁忠彦氏を講師とした「吉備路の古墳見学会」で、両宮山、造山、作山、こうもり塚、箭田大塚を見学し、「楯築」の名を初めて耳にした。

「目標は小高い岡の給水塔」と聞いた。余り日数をおかずレンタカーで訪れたが、迷うことなく到着し、「不可思議な思いで」楯築を見学した。この日、「巨大な朝鮮式山城」と知られる鬼ヶ城まで足を延ばした。

■両宮山

□岡山市、前方後円墳、墳長192m

造山、作山につぐ吉備地方第3位の大きさで、吉備政権の有力首長の墳墓。

5世紀後半では、畿内を除くと最大の規模で、墳長192mそ

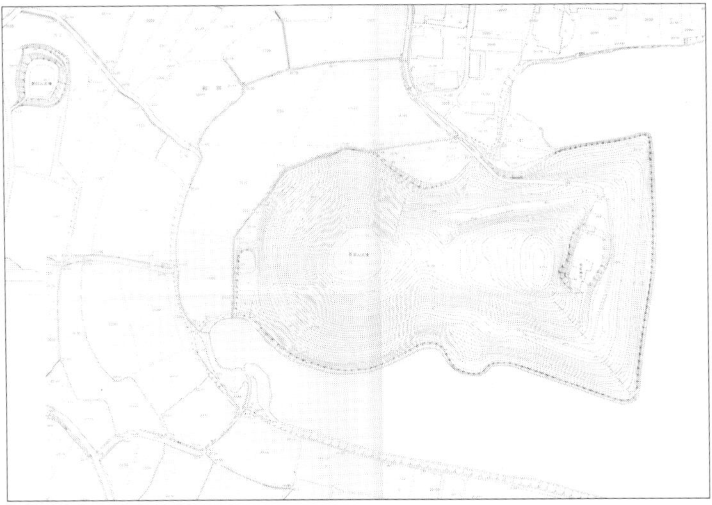

の後円部西北、周濠端から70mほどの方墳状「茶臼山」は確実に陪冢、とみなされる。

主墳の内部調査が行われていないので詳細はわからないが、葺石、埴輪は存在しない。

奈良、コナベ古墳と相似する築造といわれる。

両宮山

両宮山テレホンカード
岡山・ドイツの森で求めた。後円部から少しはなれて陪冢が見える

■宍甘山王山《ししかいさんのうやま》

□岡山市、前方後円墳、墳長68.5m

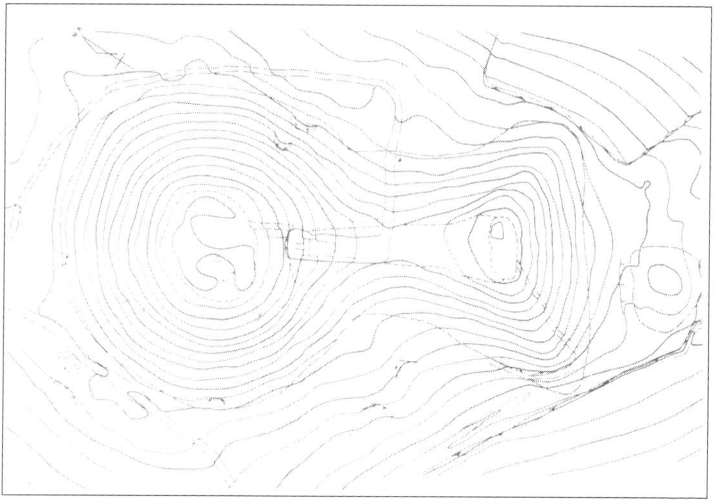

宍甘山王山　前方後円墳集成より

主墳の築造時期は古墳時代中葉と考えられる点から、この時期の古墳が陪冢を伴うかどうかは一概に判断できないが、「主墳の存在を無視して、前方部に隣接の方墳の存在意義は認められない」ことから、陪冢と扱ってよいだろう。

測量図を作成した人の判断では、方墳の隅が流失して若干丸くなって見えるが、方墳とみてよい。(岡山市教育委員会)

発生期古墳としてよく知られる操山109号、備前車塚、網浜茶臼山に近く首長塚の系列と考えられる。

■大元《おおもと》1号墳

□島根県益田市

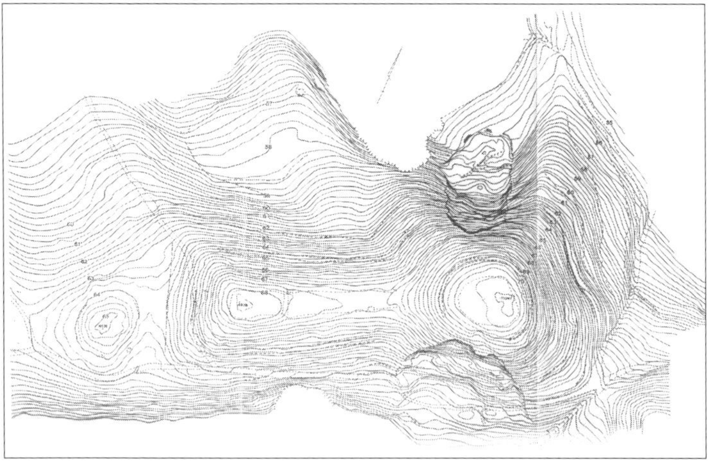

大元1号墳

いま手許の「益田市遠田地区遺跡分布調査報告書Ⅲ、益田市教育委員会1998」を見直して、この附近に遺跡、古墳の多いことに改めて驚いている。

1994年10月の早朝、バスで益田市に着き、スクモ塚、小丸山、鵜ノ鼻をあわただしく巡り、周布古墳に急いだ。

「大元」を見落としている。当時は陪冢を伴う大元1号墳の存在を知らなかったので、しょうがない。

大元1号は墳長87m3段段築の前方後円墳、4世紀末～5世紀初頭の築造。後円部に葺石が多く残り円筒ハニワの存在したことがわかる。

前方部隣接の円形隆起は径15m、高さ1.2mの円墳で陪冢の可能性があり、2号墳とされている。（資料：益田市教育委員会）

■薄井原

□島根県松江市、前方後方墳、墳長約50m

この地方に多い前方後方墳で、古墳時代後期中葉。二つの石室を設ける極めて整正な形で築造されている。

盗掘された1号石室の蓋石3枚のうち2枚が丘陵斜面に放置され1枚は地主宅の履脱石《くつぬぎ》に使用されているそうだが、民家に転用される例は、珍しいことでない。

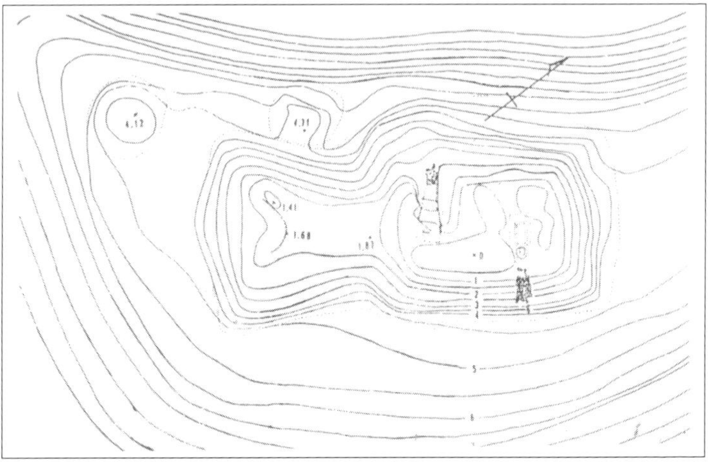

陪冢と見られる二つの小形墳丘のうち、前方部西側に密接するものは約8〜9mやや不整形の円墳状、前方部南西隅前方約6mの円墳形は径9m高さ1〜1.5mを計る。

このような小墳は附近に全く見当たらないので、両者とも主墳と密接な関係にある陪冢とみなすべきだろう。ただし両墳とも内部未調査で、その性格、時期関係は将来の問題として遺されている。（資料：島根県教育委員会・薄井原古墳発掘調査）

■壇場山

□兵庫県姫路市

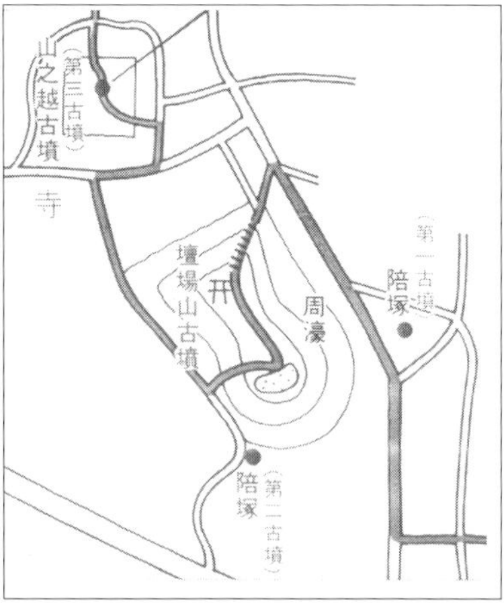

壇場山、場山、上山、霞野の築山、霞野の千壺、宮山など、随分沢山の呼び名をもつ全長140m、5世紀前半の代表的前方後円墳。

明治40年、村人が松苗を植えるため掘ったところ「2〜3尺の刀剣、甲冑破片、矢尻」などを、また明治42年に「鉄鏃200余、刀剣10余、遺存良好であった人骨、獣帯鏡、勾玉管玉、なつめ玉」を掘り出した記録も残っている。

壇場山石棺

後円部に直葬した長持型石棺が露出しているが、石棺は開けられていない。

陪冢はもと4基であったが現在では、西南に1基だけが残っている。

北160mの山の越古墳は、県下で3基しかない方墳の一つ。
(資料：姫路市教育委員会)

■雲部車塚

□兵庫県篠山市、中期後半

雲部車塚・前方後円墳集成

南北の陪冢が車の車輪のように配置されているので車塚の名があり、ここで初めて陪冢を意識したことは既に書いた通りである。ここほど明確に主墳と陪冢が認視される例は多くない。

古くから四道将軍※のひとり丹波道主《たんばのみちぬし》命の陵墓と伝えられている。

明治29年に村民によって発掘され後円部の石室から取り出した「甲冑2、鉄刀34、鉄剣8、鉄鉾1、鉄鏃107」などのうち一部を除いて埋め戻したため、今なお多くの遺物は祀られた主とともに、墳丘の中に納まっていることだろう。

総長250m墳長140m、円筒ハニワ、葺石、出土品の数などについては「兵庫県の歴史（八木哲浩ほか、山川出版1971）」と「前方後円墳集成」とに若干の差があるようだ。記録の不正確な時代の発掘のせいであろう。

雲部車塚と陪冢

■玉丘古墳

□兵庫県加西市

幅20mの周濠をめぐらせ、端正な姿を今に伝える玉丘は墳長105m、中期初頭に築かれた古墳で、億計、弘計の二王子に求婚された日根女は、二王子がゆずらぬまま結婚せず年老いて死んだ。二人の王子は日根女の心をあわれみ「朝日夕日の隠さぬ地に墓を造り、玉で墓を飾らせ

玉丘古墳と陪冢

た」と風土記に見える。

玉丘古墳と陪冢、女鹿山、寺山などの前方後円墳と大型円墳の密集地でもある。

億計、弘計とは顕宗、仁賢といわれる天皇で播磨に隠棲し

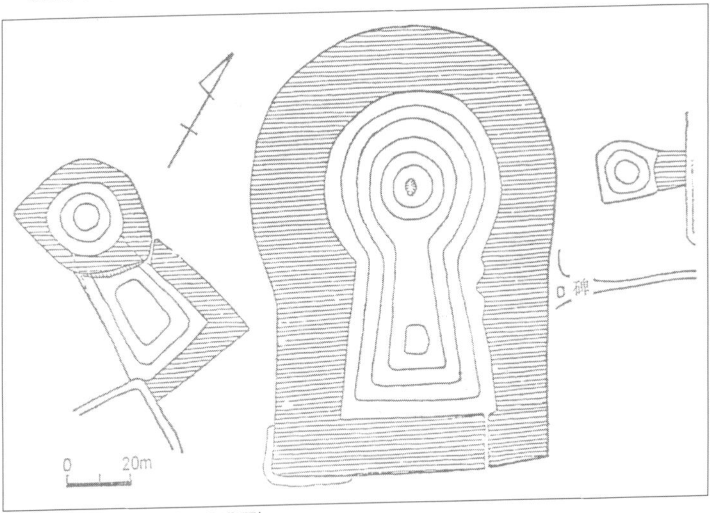

玉丘古墳（日本の古墳　有斐閣）

ていたと伝わっている。

後円部中央には大きな盗掘跡がのこり、直葬の長持型石棺、底石が残っている。

「前方後円墳集成」には南西・前方後円墳を陪冢1号、東の方墳を2号墳としている。（資料：兵庫県の歴史）

四道将軍

崇神天皇により、地方征討のため大彦命は北陸、武渟川別命は東海、吉備津彦命は西道、丹波道主命は丹波と四道に派遣された将軍。

日本書紀では第10代の崇神天皇は「ハツクニシラススメラミコト」と称し、大和政権を確立した最初の天皇とする説もある。

■大仙古墳

□大阪府堺市

大阪府百舌鳥古墳群

大仙の陪冢については既述の（85ページ）通りであるがなお「永山古墳後円部径は大仙陵のほぼ1/4、永山の直径と同じ寸法をもつ陪冢が6基以上もある」「陵の周囲には10数基の陪

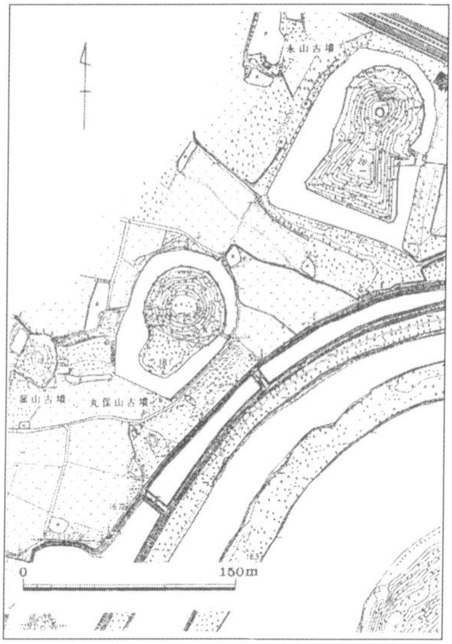

永山古墳・丸保山古墳

家が規則的に配置され……」とする説もある。

「規則的」という意味は若干理解できない点もある。

陪冢について堺市教委発行「百舌鳥古墳群」をもとにして補足する。

永山＝大仙陵北西約50mと近接し全長104m、2段築成、葺石、埴輪、盾形周濠を備えた大型前方後円墳で、主体部はわかっていないが永山自体が陪冢を伴うとも見られ、形態や規模から推して大仙陵の陪冢、とは考え難い問題がある。

永山

丸保山＝大仙陵に隣接するように築かれた前方後円墳で墳長87m、後円部は宮内庁管理。堺市が削平された前方部と周濠を管理しているが、主体部、副葬品、葺石など詳しいことは分かっていない。

塚廻古墳＝現在は径約35m、高さ約4.5mで埴輪、周濠跡があり帆立貝式であった可能性もある。1912年に発掘され、主体部は木棺、銅鏡、刀剣、多数の玉類などを出土。5世紀中頃、主墳とほぼ同時期の築造と考えられている。

収塚＝円墳状に見えるが周濠を伴う65m程の帆立貝式で後円部径約35m、高さ約3m、短甲片が採取されているが、主体部、副葬品はわかっていない。

大仙古墳陪冢　収塚

ひとことつけ加えると、大仙古墳陵墓は世界一、と称える向きが多いが、想像を絶する「兵馬俑」を随えた秦始皇帝陵、146mの高さにまで2.5トンの切石を230万個積みあげたピラミッドと、土を35mに盛り河原石を葺いた大仙陵は比較すべきものではなかろう。

■石津ミサンザイ（伝履中陵）

□大阪府堺市、中期／前半　墳長360m

履中陵と伝わり皇統上、履中（イザホワケ）は仁徳（オオサザキ）の子であるが石津丘は大仙陵に先行し、むしろこちらがオオサザキを祀るのではないか、とする説も強く、陪冢出土品の年代観から、5世紀前半の築造とみられる。

周囲には七観山、七観音など陪冢と考えられる古墳が10基前後あったようだが、いまでは七観音と寺山南の2基が残る。七観音は奇麗すぎるほどに手が加えられ、もとの姿は径約50m、高さ約8m、二段築成、周濠、埴輪、葺石。墳頂には鰭付円筒埴輪列が巡っていた。

七観音山は1913、1947、1952年の調査で甲冑、大刀、鉄刀、

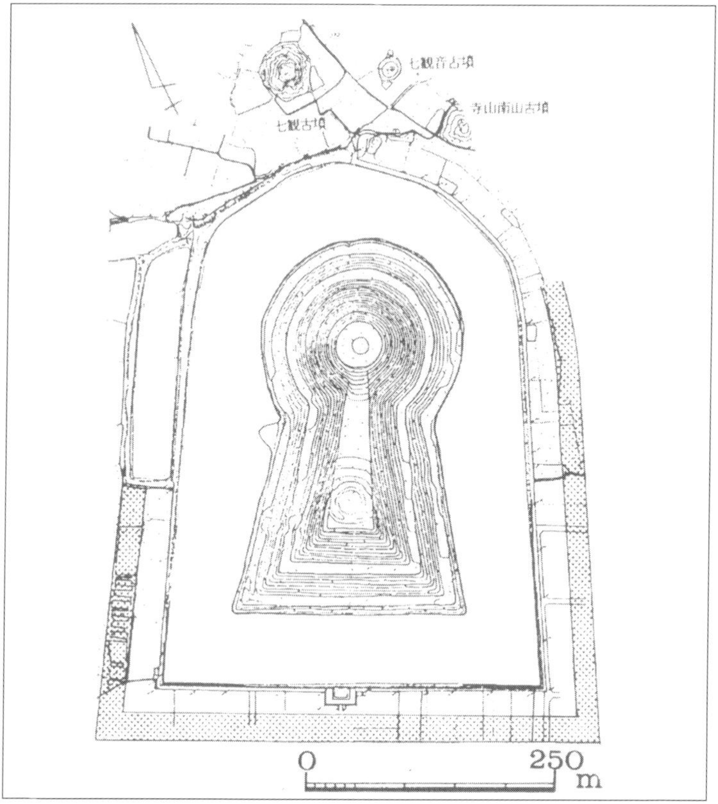

石津ミサンザイ古墳（網部分＝外周溝想定・堺市教委）

石津ミサンザイ陪冢　七観音山古墳

鉄剣など多量の鉄製品、馬具などの遺物があり古墳出土の馬具の中では、もっとも古いとされている。

多量の副葬品のみを埋納した陪冢と考えられ貴重な例であったが、1952年完全に破壊され姿を消してしまった。

■土師《はぜ》ニサンザイ

□大阪府堺市、中期／後半、墳長290m

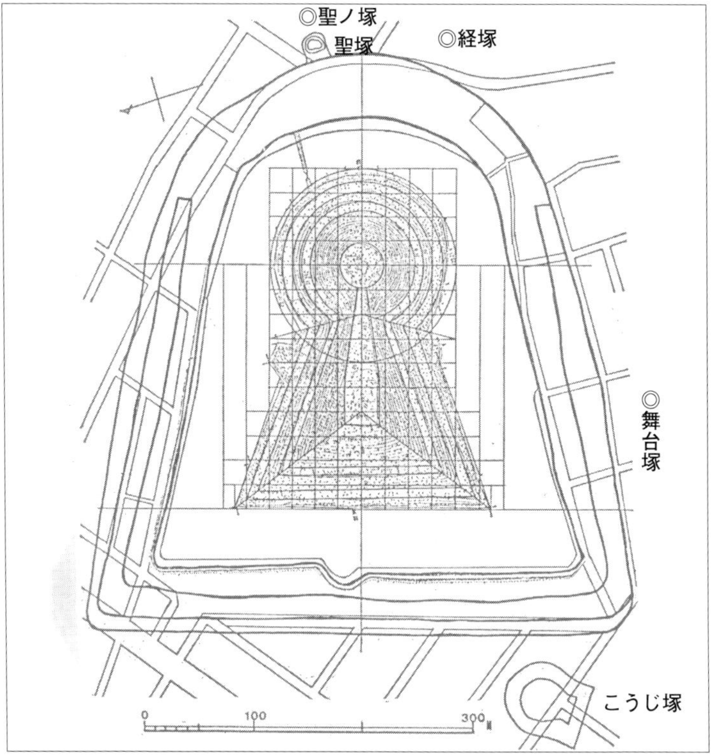

ニサンザイ古墳

後円部東の墓域に接して陪冢と考えられる円墳・聖塚、聖ノ塚、経塚の3基があったが聖塚（京塚、径15m高さ1.5m）だけが現存している。

前方部南「舞台塚」南西部の消滅した「帆立貝式こうじ山」（墳長55m）で採取された須恵器は主墳のそれに近いようだが、主軸の方向が主墳と違うことから、陪冢と認めがたい、とする説がある。どうだろう？

明治時代には、木棺か石棺を出土した京塚山と呼ぶ古墳も存在していた。

ニサンザイは「反正陵」とする伝承も残っている。

■いたすけ古墳

□大阪府堺市、中期／中葉、墳長146m

1955年いたすけ古墳を守る市民運動が澎湃として興り、マスコミも「イタスケを護れ」とキャンペーンを行なった。

「イタスケ古墳　史跡指定20周年記念　百舌鳥古墳群を学ぶ集い」のレジュメ表紙にはこの図が使われた。

三笠宮殿下も「大阪府の古墳の保存状態は宮崎県などに比して悪いようである。仁徳陵など大きな古墳だけでなく、古墳群全体を残すのが大切な事である事を強調する」とエールを送られている。

保存に成功した「イタスケ古墳史跡指定20周年記念・百舌鳥古墳群を学ぶ集い」が1975年11月に開催されたが、レジュメはB4版17Pザラ紙、手書きも混入する貴重な記念品である。

1968年に破壊された「ごろも塚」は一辺30m高さ3mの方墳で最古型式の須恵器甕の口縁部片が採集されており、ゴロモ（吾呂茂）塚のほか善右ヱ門（赤山）古墳など陪冢と考えられる古墳が数基あったが現在は善右ヱ門古墳1基が残るだけで、前方部北にあった播磨塚も同じ運命で消滅した。

墳丘の両端に僅かに樹や竹が茂るが、墳丘の大部分はなだらかな稜線、くびれ部などほぼ全容を観察することが出来る数少ない大型墳のひとつである。

主墳から出土した衝角付冑形埴輪は堺市文化財シンボルマークになっている。

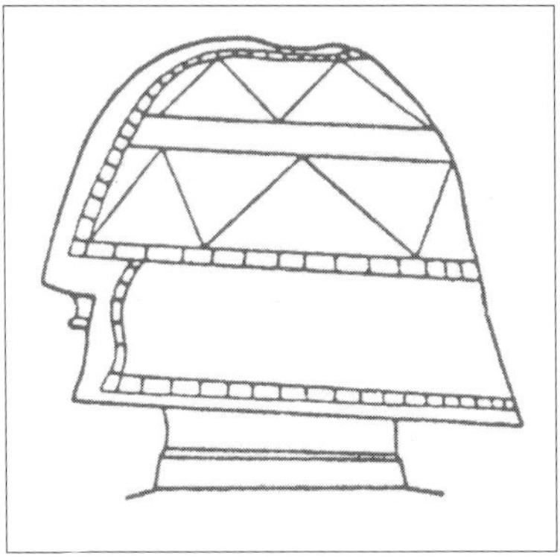

堺市文化財シンボルマーク
いたすけ古墳後円部から出土した三角板革綴式衝角形ハニワが、堺市文化財のシンボルマークになっている。すっきりシンボライズも適当にスマート。適切なグッドデザイン。

■御廟山

□大阪府堺市、中期／後半、墳長186m

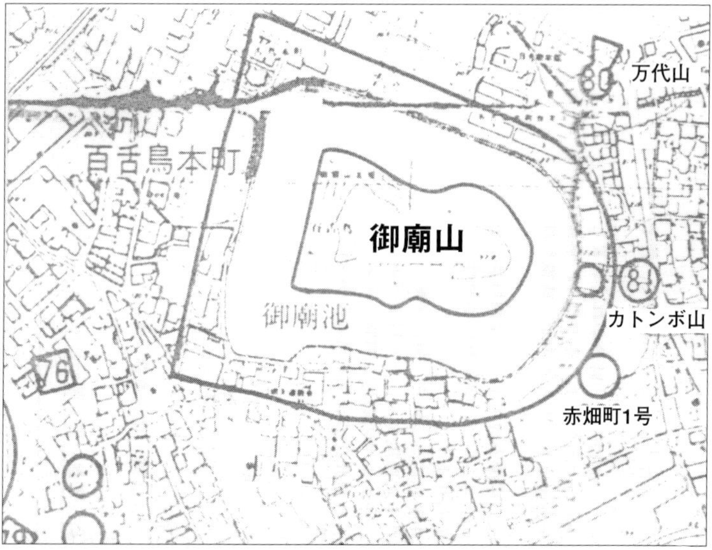

かつて百舌鳥八幡の奥の院として、応神天皇が祭られていた。誉田御廟山もそうだが祠が祭られることが「御廟山」ネーミングの由来だろう。ミサンザイはミサザキの転訛だろうか。

周濠の変形は大きく、北に万代山《もずやま》、北東側にカトンボ山（円墳、径50m）他に5基ほどの陪冢があった。

カトンボ山は土砂採取による破壊のはじまった1949年に調査された。既に発掘がすすんでいて遺品は散逸していたがそれでも、鏡2面、鉄製品のほか勾玉729、臼玉約20,000、刀子型模造品369など多数の出土がありこれらはすべて典型的な中期古墳の特長を備えており、また子持勾玉、双孔円板などは祭祀遺跡に例が多く、古い時代からの祭祀が、百舌鳥八幡につながったものかも知れない。

万代山は前方部を失い、後円部のみが「水尾大神域内」に変形した姿で残っている。赤畑町1号墳については判らない。

（御廟山陪冢）万代山　前方部が削平され、後円部は宗教団体敷地になっている。

■田井出山（伝反正陵）

□大阪府堺市、中期／後半、墳長148m

反正（ミヅハワケ）は履中（イザホワケ）の弟、オオサザキ（仁徳）の子でありながら、陵の規模が前者に比して著しく小さいため、他の古墳をあてる説がある。周濠に接して住宅、神社が密集しているが、1980年陪冢「鈴山」と民有地との間の約1000㎡を堺市教育委員会が調査した結果、現在の堀の外側に空堀をもつ天皇陵特有の二重堀をつきとめ、この空堀あとから6世紀初期のものとみられる埴輪片が出土、反正が存在していたとされる5世紀中頃とは時期がずれているため、反正陵でないとする可能性が強くなっている。

田井出山陪冢　鈴山古墳

同年9月、宮内庁は日本考古学協会など研究団体からの「天

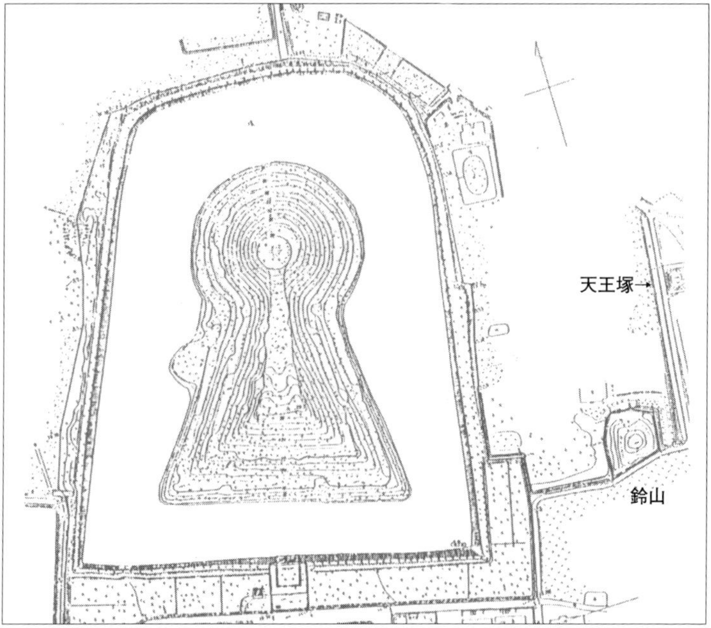

田井出山

田井出山陪冢　天王古墳

皇陵公開」の強い要望に対して、同協会が人選した専門学者16名に限って公開した。これはその前年の白髪山古墳（伝清寧陵）に次ぐもので、一部とはいえ有意義と評価されてよいだろう。しかし根本的に宮内庁の考えの変化はなさそうだ。

歴史探訪の道、てくてくロードに沿って方形の陪冢2基、天王古墳（一辺13m）、鈴山古墳（一辺22m）が住宅に挟まれている。

■大塚山古墳

□大阪府堺市、中期／前半、墳長168m

大塚山古墳・かぶと塚古墳

大仙、石津ミサンザイ、土師ニサンザイ、御廟山に次ぐ大型前方後円墳であったが、1950年代に鏡、玉類、鉄製武器、甲冑類を遺して宅地化されてしまった。

主軸線が直交する帆立貝式タイプの陪冢・かぶと塚も後円部は消失、残る前方部は個人宅敷地内に取り入れられている。

古墳は手近な土砂採取地になり、すさまじい開発ラッシュで次々と姿を消されてしまったが、多くの古墳とともに同じ運命を辿った遺品はどこに消えたのか、痛ましい思いがする。

かつて大阪市福島区内の古物商ウインドウに、土をかぶったままの「弥生ツボ」が並んでいた。大型、きれいな品で、ブルドーザー運転手が持ちこんだ、と聞いた。薄給の1/2の価格ではとても手が出なかった。惜しい思い出がある。

■黒姫山

□大阪府美原町、中期／後半、墳長116m

黒姫山古墳と周辺の古墳（大阪府教育委員会・太井遺跡）

戦争中に松根油の採取で荒れはてた黒姫山を、困難な環境の中で調査された様子は、森浩一氏の著作にくわしい。前方部石室から24領の甲冑が出土している。

天野山CCの往復には、車を停めて暫く見入ることに決めている。

百舌鳥古墳群と古市古墳群の間にあり、黒姫山と6基の陪冢に太井古墳群を含め「黒姫山古墳群」とされている。

さば山は全長42m、墳丘28mの帆立貝式、墳丘は削平され埋葬主体は残存していないが、1953年の調査で周溝から径10～20cmの葺石、埴輪、須恵器、瓦器などが出土し、黒姫山につづく首長層の古墳とみられる。

太井古墳群の4基の方墳は一辺6～8m、墳丘は削平され、また箱式石棺状に組み合わした円筒棺も5世紀末～6世紀初頭。黒姫山、さば山と併行する時期のようだ。（資料：美原町教育委員会）

■誉田御廟山《こんだごびょうやま》（伝応神陵）

□大阪府羽曳野市

国宝鞍金具を出した丸山

勝部明生氏に導かれ初めて観察した古墳が誉田山で、その前方部正面、丸山（径30m、円墳）出土の国宝鞍金具の輝きを誉田八幡宝物館で拝見したとき、表現しがたい感動を覚えた。それから今日まで続いた古墳行脚は、ここからスタートしたわけである。

築造に当たって二ツ塚を避けて周濠を変形させているが、二ツ塚先葬者の伝承が影響したものだろう。東に1基方形陪冢がある（原島礼二氏）がそれは馬塚を指すものであろう。

「応神陵」とその陪塚群配置図
「河内における古墳の調査」より

誉田山陪冢を6基とすれば東山、アリ山、丸山、珠金塚、盾塚、栗塚になるが、5基とする説もある。

丸山（円墳、径30m）は前記国宝、金銅製竜文透彫鞍金具や轡鏡板、花形座付雲珠など馬具出土の最古の例で他に刀装具、刀剣なども出土している。

径45m円墳アリ山からも、鉄斧134、鎌201、鍬49、刀子151、のみ90、鉤状鉄器412、鉄鏃1542のほか合計3,000点近いおびただしい鉄、そのうえ人体埋葬の可能性もあった。

国内で最も大きく、極めて大量の鉄を集め、人力を駆使して造りあげた武力をもつ王とは、どんな人物であったろうか。5世紀代の権力、権勢のかたちを今に残していることは、すばらしい夢を与えてくれる。

南北朝時代には城に利用されたこともあるが、後円部頂は永年に亘って神社が祀られていたため盗掘を免れ、現在なお首長が眠りつづけているのではないか、超大型古墳唯一の“処女塚”だろうとかすかな希望も残してくれる。

古市古墳群

■仲津山（伝仲津姫陵）

□大阪府藤井寺市、中期／前半

前方後円墳集成

明治8年に仲津姫陵に比定されるまで、仲哀陵、允恭陵とも見なされていた。

陪冢の可能性は、後円部北の鍋塚（円墳、径50m）と消滅した加助山（外堤東縁）の2基が考えられる。

1981年大阪府教育委員会が外堤に一列に並んだ45基の5世紀前半とみられる埴輪を発掘している。

仲津山陪冢　鍋塚

巨石運搬の謎を解いた大小2つの修羅は1978年、東南側「沢田の三ツ塚」東より八島塚、中山（一辺約51m）、助太山（38m）の八島塚と中山の間の堀の底から発見された。宮内庁はこの2基の墳丘部を陪冢に指定しているが発見される埴輪は5世紀後半のもので、3基とも（土師氏族長の墳墓の可能性が考えられ）仲津山、古室山と関係はなさそうだ。

また仲津山の築造された5世紀前半には、巨石はまだ利用されておらず、修羅の活用は6世紀以降になる。これを使用した土師一族が、族長墓の側に供え埋めたものかも知れない。

古室山は「裸美人」の別名で呼ばれるなど美しい稜線を見せている。古室山を仲津山の陪冢とみる向きもあるが、埴輪の特長から誉田山、仲津山に先立って築成され、古市古墳群の中でも最古の段階に属するものである。

古室山古墳
裸美人の愛称が奉られている。
全容が望める数少ない大型墳のひとつ。

■市野山（伝允恭陵）

□大阪府藤井寺市、中期／後半、墳長230m

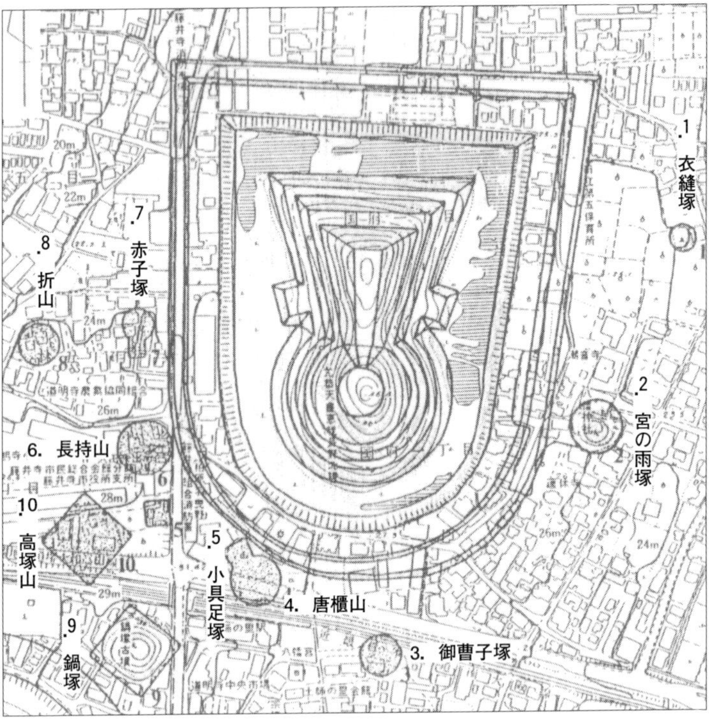

「周囲に従属的古墳7基を伴う」は別図註1〜7を指すものだろう。即ち　1. 衣縫塚　2. 宮の雨塚　3. 御曹子塚　4. 唐櫃山　5. 小具足塚　6. 長持山　7. 赤子塚の7基で、現存は衣縫塚、宮の雨塚と仲津山の陪家とみられる鍋塚の3基のみである。

長持山と唐櫃山の内容が知られ、長持山は帆立貝式、畿内最古様式の刳抜式家型石棺が2基もあり、1号石棺は阿蘇熔結凝灰岩製、2号棺は二上山の赤味がかった凝灰岩製で共に近鉄土師の里駅すぐ西北の道明寺小学校に安置されている。

　墳丘には円筒埴輪がめぐり、衝角付冑、挂甲、馬具類、刀、矛、鉄鏃、銅器、鉄剣などを伴っていた。

長持山石棺
左：1号（北）棺　右：2号（南）棺

　唐櫃山も同じく帆立貝式で全長約50m、長持山1号棺と同じ阿蘇熔結凝灰岩製石棺と甲冑、鉄鏃、馬具、玉類、形象埴輪片を出土している。阿蘇熔岩がここの石棺に用いられる謎は、ぜひ探求推理したい。興味がそそられる。

市野山陪冢　衣縫塚　左遠方は市野山

　初めての古墳見学で訪れた当時は「犬走り・テラス」がはっきり確認できたが、あれから30年近い間にすっかり樹木が繁り、今では地肌を全くうかがうことができなくなっている。

■墓山

□大阪府羽曳野市、中期／前半、墳長255m

　宮内庁は誉田御廟山（伝応神陵）ほ号陪冢、と指定しているが、墓山自体が数基の陪冢を随える大王墓であり、同じ大王陵市野山（伝允恭陵）とほぼ同規格の築造。誉田御廟山に

産経新聞

大王陵に葬送の通路

羽曳野墓山古墳　幅3メートル　主墳と陪塚結ぶ

大阪・古市古墳群の大王級の前方後円墳の一つ、墓山古墳（羽曳野市白鳥、宮内庁陵墓参考地）の後円部の周濠（しゅうごう）から、陪塚（ばいちょう）の向墓山（むかいはかやま）古墳（方墳）に通じる大規模な通路（墓道）が見つかり、羽曳野市教委が二十五日、発表した。古市、百舌鳥古墳群にあって、主墳と陪塚を直接結びつける遺構が見つかったのは初めて。通路の幅は三メートルもあり、多数の葬送の人たちが行き来したことをしのばせる。

墓山古墳は応神陵（誉田山古墳）などを中心にした古市古墳群のほぼ中心に位置し、墳丘長は二百二十四メートル。五世紀初頭の築造で、周濠があり、出土した埴輪などから河内政権の大王クラスの墓とされている。

通路は墓山古墳の後円部のすぐ南東側に、寄り添うように位置。向墓山古墳（一辺約六十メートルの方墳）との間を長さ約十メートル、幅約三メートルで結ばれていた。

調査した羽曳野市教委は、二つの古墳が一体として設

1989年1月26日　産経新聞

先行している。

陪冢には大型方墳の野中・浄元寺山・西墓山・向墓山があり、1988年発掘調査された野中古墳は周堀、一辺28m、葺石、埴輪列、墳頂下から鉄地金銅張革製衡角付冑3、眉庇付冑3、短甲9、刀153、剣16、矛3、鉄鏃約740、斧30、鉄鋌36kg以上のほか多数の鉄製品、これは2,700点の鉄製品を出土したアリ山、1,000点の鉄刀、鏃などを出した野中、870点の鉄鋌が発見された大和6号に次ぐもので、他に碧玉製管玉、石製模製品、陶質土器、土師器なども発見された。

墓山と向墓山を結ぶ陸橋部

土器類、石製品が墳頂直下に散在したことは、大王を主墳に埋葬したあとの儀式が、ここで行なわれたことであろう。

1989年1月羽曳野市教育委員会の発掘調査で、墓山後円部すぐ東南側と向墓山（方墳、一辺60m）が同じ溝で区画され、その溝に陸橋と呼ばれる連結があり、両古墳が計画的なプラ

ンで同時に築造されたことが判った。通路の幅は約3m、大王の葬送に大勢の人が渡れる幅であり、陪冢を明確にした稀な例であった。

西墓山は一辺20m、方墳で刀、剣、槍など200点以上、鋤、鎌など農具2,000点以上が発掘されている。

当時鉄の入手、獲得に大王が強烈な意欲をもやしたことが偲ばれる。

■白髪山（伝清寧陵）

□大阪府羽曳野市、後期／中葉、墳長112m

幕末大改修で形状が変わったこともあるが、6世紀の典型的な墳形である。

車の往来はげしい外環状線をへだてて、見事なまでも相似の主墳と陪冢小白髪山が並んでいる。

小白髪山　前方部より

	方位	総長	墳長	後円部径	後円部高	前方部長	前方部幅	前方部高
白髪山	N-106.5°-W	195	115	63	10.5	66	128	11
小白髪山	N-106.5°-W	72	46	24	4.8	24	23	4.5
対比（%）		37	40	38	46	36	18	41

小白髪山が略40%の規模で設計されたことがわかる。前方部両側は幕末文久～元治年間の大改修のため比率が相違して

第2回　河内飛鳥の里はびきのシンポジウム　1987　レジュメ

いるが、これは宮内庁が初めて一部の考古学者に調査結果を公開し、その事実が判ったもの。部分的とはいえ一部公開の意義はあったようだ。

白髪山と小白髪山は幅広い外環状線に隔てられ、両墳がかかわりあるようには見えない。

小白髪山には民家が押し寄せ、保存状態も良いとは言えない。

■岡ミサンザイ（伝仲哀陵）

□大阪府藤井寺市、後期／前半、墳長242m

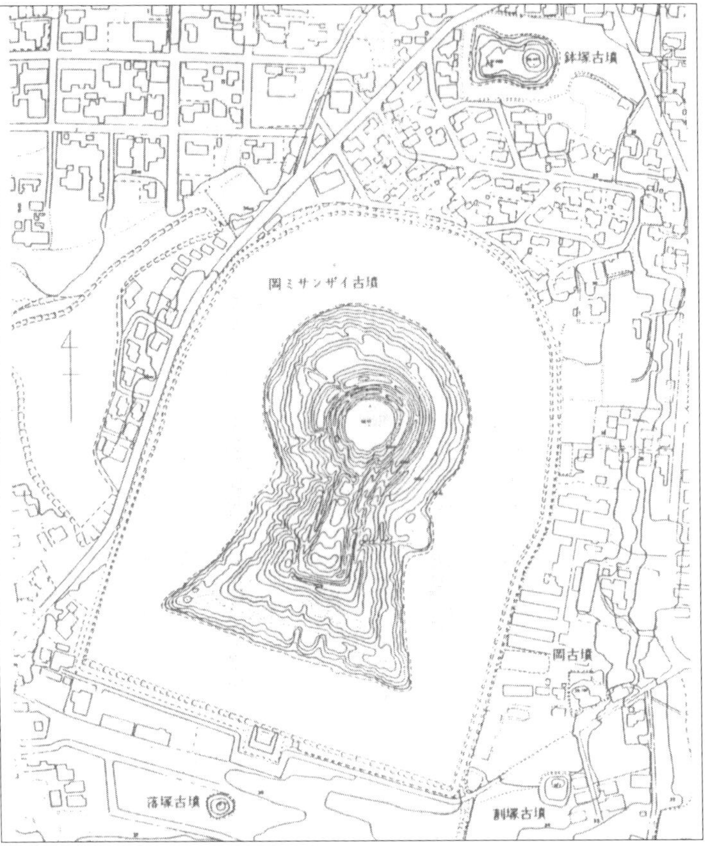

岡ミサンザイ古墳（前方後円墳集成）

築造年代は5世紀前半～中葉、誉田御廟山（伝応神陵）より型式が新しく（応神の父・仲哀の陵とするには）時期的に一致しないが、河内王朝（政治勢力）の大王の一人を祀ることは相違ない。

陪冢的位置にある鉢塚古墳は後円部すぐ北側、墳丘長59m、1955年ごろまで幅8～10mの周濠がめぐり、葺石、円筒ハニワの列がみられたが、現在は望むべくもない。

一辺32m、2段築成の方墳・岡古墳は1980年市教育委員会が調査し、埴輪の年代が5世紀前半で数十年先行することがわかった。

南の落塚（消滅）、南東の割塚（1基現存、1基消滅）も陪冢的位置にあるが、同じように先行するのではないか、という意見も出されている。

■太田茶臼山

□大阪府茨木市、中期／後半、墳長226m

継体陵被葬者
やはり別人か
現地発掘調査の分析結果
没年は6世紀
出土埴輪は5世紀

1986年5月30日　朝日新聞

宮内庁管理の外堤左の扉が開いていたので、「入りまっせ」小さい声で断って足を踏み入れたが、100歩も進まぬうちに、追いかけて来た書陵部職員に呼びとめられ、陪冢の位置を問いただした。

太田天神山を「継体陵に比定するのは適切ではない」といわれて久しい。『延喜式』記載「島上郡」と所在地が一致しないこともあるが、考古学的知見でも100年近いへだたりが指摘されている。

4基の陪冢はともに小形円墳、後円部西の1基は氏神太田神社社殿の背後、西北の2基は小公園の左右の位置に、東南の1基は道路に挟まれて大きく変型している。往来の人々も道路わきにポツンとした一角が、天皇陵に指定された陪冢、とは気付かぬであろう。4基とも何らの表示もない。

■牧野車塚

□大阪府枚方市、中期／前半、墳長107.5m

牧野車塚　墳丘実測図（枚方市史より）

1928年頃には「後円部に円筒埴輪が欠損した状態で露出し、破片が散在した」と記録が残るが、1966年の調査時には埴輪片は全く発見されていなかった。

また車塚の南方から西方にかけて分布していたという権現塚、ショーガ塚、子供塚、赤塚はすべて消滅し、大都市周辺での保存の困難さ、破壊のすさまじさが思われる。

外堤上南堤の南西隅20mに低い二つの円墳状土堆のうち一つは径15m、高1.5m。もう一つは形状が明らかでなく、もとは径10m、高1mの大きさと推定される。これを陪冢施設とみるかどうか内容は明らかでない。外堤上の特殊な施設であるかも知れない。

枚方市史では更に、くびれ部北側の方墳状墳丘（一辺13m、高1.5m）について「位置からみて外堤上にあるので古墳の外周施設としてあげることができるように考える。もしこれを陪冢とみることが許されるとすれば、ふつう外堤の外がわに接して営まれる場合が多いのに対して、例外的な配列と称するころができよう」と慎重な見解を挙げている。

造出し部、と見えぬことはない。また神戸・五色塚に例があるように、周濠内の方形墳丘を「祭祀の場」と見なすこともできよう。

しかしこの場合は、陪冢と理解して良いと思われる。

■越前塚《こしまえ》

□大阪府太子町、7世紀、75m×55m×H8m長方墳

幕末の大改修をうけた山田高塚を伝推古陵としているが、むしろその南にある「二子塚」が相応しくないのか、また宮内庁が墳裾調査を行なった春日向山（伝用命陵）の一部が公開されたとき「文化財保存全国協議会……」と記名して見学するなど、幾度も歩いた7世紀代の磯長谷古墳群の中に、陪冢を伴う古墳がある、と堀田啓一氏によって初めて知った。（日本の古墳・有斐閣1981年）

同誌によって概略を述べると、「越前塚の西丘が南北に深くへこんで、南向きの横穴式石室が存在するようであり、東丘

も同様の埋葬施設が存在すると思われる。墳丘周囲は幅10mの空濠状平坦地がめぐり、東北隅には一辺26mの方形陪冢らしい墳丘がみられることは、この古墳の被葬者が如何に重要な人物であるかがわかる」とし、また上野克己氏は「山田高塚（伝推古陵）」との相似形をあげて、敏達陵の可能性、も指摘している。

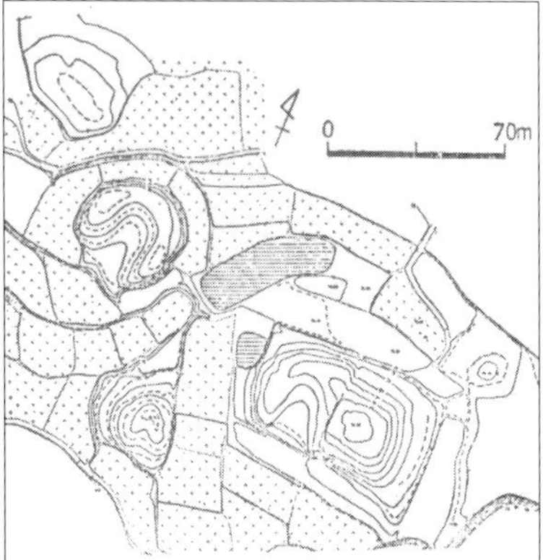

図 3　越前塚古墳グループの墳丘（北よりモンド神塚，カマド塚，石塚，東に越前塚と陪塚）

日本の古墳（有斐閣）より

おそらく最終末期、長方墳に随う唯一の陪冢、であろう。

■西陵、淡輪《たんのわ》ニサンザイ（宇土塚）

□大阪府岬町

古市、百舌鳥古墳群から南へ続く平野が、和泉山脈にはばまれる和歌山県境近く、海岸線に平行して淡輪ニサンザイ（宇土墓）が、その西西南600mに西陵、両者のほぼ中間に西小山古墳がある。

淡輪ニサンザイは墳長170m、中期／後半

西陵は墳長210m、中期／中葉

西小山は径30～42mの円墳で、中期後半の早い時期の築造と考えられている。R42沿いだが、道路からはそれと見極めがむつかしい程に削平され変形している。

1988年5月1日、紀北淡輪と和歌山の遺跡を巡る会（講師・

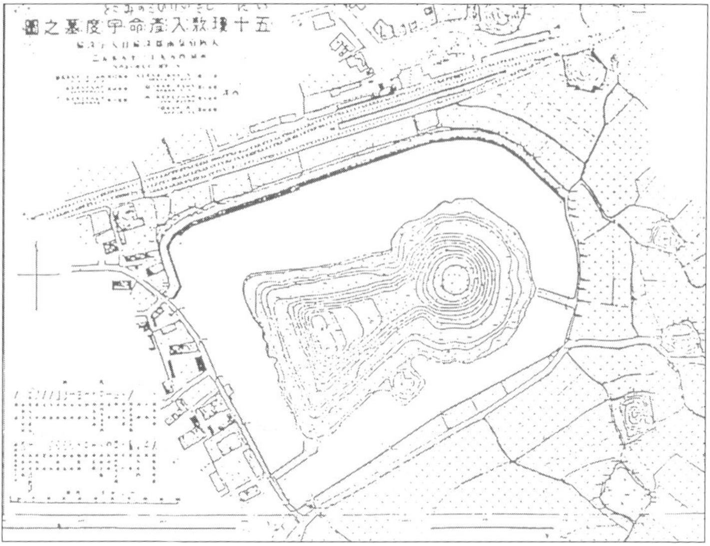

紀北淡輪と和歌山市の遺跡　現地見学会　レジュメ（1988年5月1日）

大野嶺夫氏）に参加、昼弁当をひろげながら、じっくり両墳を観察できた。

それから13年、周囲は新興住宅地に様変わりしてしまった。世相で仕方ない。

西陵陪冢は周濠堤すぐそばを走る南海電鉄の線路を越えた小公園に1基、更に40〜50mはなれて個人宅ガレージ傍に変形した1基が、ともに昭和14年3月大阪府の建てた石碑が立っている。

周濠堤端から30〜40mほどだが高低差は4〜5mある。

南海電鉄敷設のおり1基が破壊され、提瓶高杯など須恵器が出土した、と伝わっている。

宇土墓の陪冢現存は6基、古文書「和泉誌」には「小冢七」

とあり、かつては更にもう1基存在していたことが分かる。

小公園内の西陵陪冢・周濠堤より

南海電鉄淡輪駅のプラットフォーム先端附近に線路を挟んで2基が向かい合う。よくぞ線路敷設のおり破壊されず遺ったものだ。

次の1基は人一人がやっと通れる小径を残して、四囲を住宅地にかこまれている。

淡輪ニサンザイ陪冢
線路をへだてて2基現存する。

主軸線の北2基（R42沿い）は方形、南の4基は円墳、何れも20～30mの小形墳だが、南北で墳形が相違するのは何を意味するのだろうか。

未調査だが被葬者の身分差、あるいは埋納品副葬品の種類によるものだろうか。

何れにしても、これほど明らかな区分は例が少ない。

未発掘の故に、想像がかきたてられる。

蛇足ながら被葬者に比定される五十瓊敷入彦命は垂仁天皇の皇子で、実在したとすれば4世紀代の人。5世紀後半の古墳とは年代的に差がある。伝承と考古学的知見とのギャップ例がここにもある。

■大和の陪冢

三輪山のふもとに大和古墳群を造りつづけた勢力、政治集団と表現する研究者もいるが、その集団の力は4世紀後半になって盆地西北部の佐紀に移り、200mを越える古墳を佐紀の地の西の方から造りつづけた。

その背景については研究者の説も多くある。渋谷向山、行燈山と同じく前方後円、周濠、陪冢を随えているが、陪冢は小円墳にかわってくる。

すべての大型墳と同様に宮内庁の管理にあって調査ができぬため精細は全く不明のなかで、敗戦直後、米軍のキャンプ地になって破壊される大和6号墳（ウワナベ陪冢）は、ブルドーザーに追いたてられながらの緊急発掘で大量の鉄器をだしている（出土品は確か東京国立博物館で見た記憶がある）。
発掘の状況については森浩一氏の著作に、きびしかった発掘の様相をうかがい知ることができる。

奈良県下で陪冢を伴うとみられる古墳は、次のようだ。

古墳名	伝承	所在地	時期	墳長	墳長ランク
渋谷向山	景行陵	柳本	前期／中葉	300	7
行燈山	崇神陵	柳本	前期／後半	242	16
宝来山	重仁陵	奈良市北部	前期／後半	227	20
五社神	神功皇后陵	奈良市佐紀盾列	前期／後半	275	11
佐紀陵山	日葉酸媛陵	奈良市佐紀盾列	前期／後半	207	27
佐紀石塚山	成務陵	奈良市佐紀盾列	前期／後半	218	24
鶯塚		盆地北東部	前期／後半	103	
ヒシアゲ	磐之媛陵	奈良市佐紀盾列	中期／前半	219	25
室大墓		盆地南西部	中期／前半	238	17
コナベ		奈良市佐紀盾列	中期／前半	204	32
築山		馬見古墳群	中期／前半	210	26
ウワナベ		奈良市佐紀盾列	中期／中葉	270	13
河合大塚山		馬見古墳群	中期／後半	193	40
掖上鑵子塚		盆地南西部	中期／後半	149	72

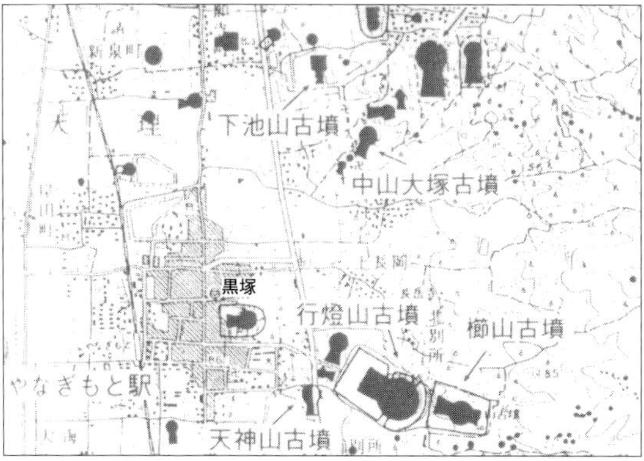

大和古墳群

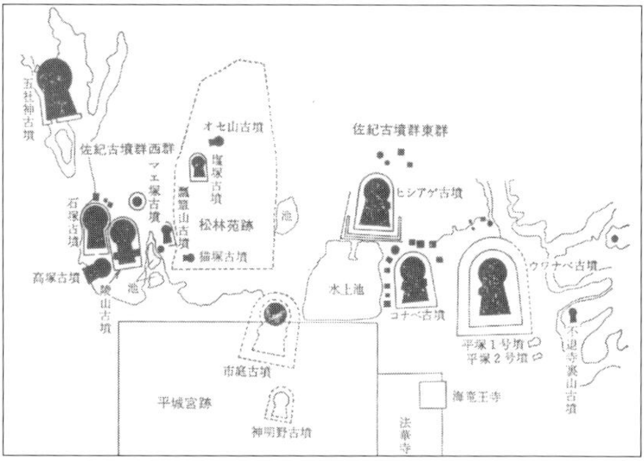

佐紀古墳群

■行燈山《あんどんやま》（伝崇神陵）

□奈良県天理市

行燈山と渋谷向山は円筒埴輪、葺石、周濠、陪冢が備わった出現期の大王陵である。

幕末の安政年間に、行燈山と渋谷向山の被葬者が入れ替わったそうだ。当時陵の改修が盛んに行なわれていたため、現

	墳丘	墳長	後円部径	前方部幅	前方部長	
アンド山	前方後円墳	120m	75m	63m	50m	葺石不明、遺物不明
南アンド山	〃	66m	42m	32m	28m	
天神山	〃	113m	55m	約50m	43m	竪穴式石室、内行花文鏡4、方格規矩鏡6ほか鏡13面、鉄刀など鉄製品、水銀朱13kg

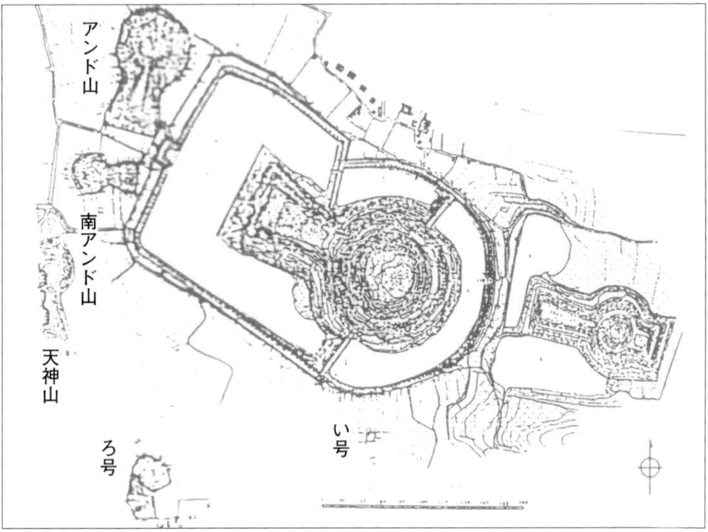

状は改修前とかなり改変されていることは間違いない。

道路建設によって破壊された天神山は副葬品を埋納する陪冢であった。その多彩な遺物には三角縁神獣鏡は含まれない。古墳の形を残さぬほど、全壊に近い状態である。天神山は「死して学問の素材」を残した。

宮内庁指定い号陪冢
横穴式石室がある。陪冢とは認めがたい。

未発掘のアンド山、南アンド山が盗掘をうけていなければ、すばらしい副葬品を抱きつづけていることだろう。

桜井市教育委員会・清水

真一氏から宮内庁指定い号ろ号の陪冢を教わった。
　い号は後円部の南、ここには横穴式石室があり、年代が一致しない。ろ号は前方部中央の南約200m、畑と民家にはさまれ、宮内庁が建てた字の消えた標識には、多分「ろ号陪冢」と記されていただろう。
　その気になって探さねば目につかぬが、これが陪冢かどうかは確かめるすべがない。

行燈山陪冢ろ号

道路工事によって破壊、調査された天神山

■渋谷向山（伝景行陵）

□奈良県天理市、墳長300m

　西に向かいゆるやかに広くひろがる丘陵のふもとに築かれ、周濠ともども、幕末に大きな改修をうけている。
　陪冢とされている2基は

	墳丘	墳長	後円部径	前方部幅	前方部長	
シウロウ塚	前方後円墳	約120m	66m	30m	35m	円筒ハニワ葺石不明
上の山	〃	125m	86m	60m	60m	

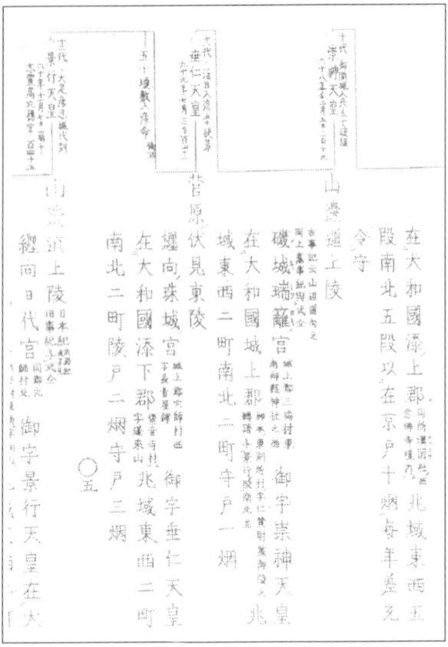

聖蹟図表　1986復刻版

と後円部北の円墳・丸山、後円部北の方墳・赤塚がある。シウロウ塚は方墳と円墳の可能性がある。河上邦彦氏は陪冢かも知れない、としている。

1993年、墳丘の一部崩壊によって宮内庁が行なった護岸工事で、周濠の底から円筒ハニワ列、墳丘下段部が発見され、築造時は310～320m、前方部後円部とも4段築造が確認され、後円部墳丘には縦60×横50mの大きな石を縦に並べた列石遺構を備えていた。

これが列石で「死者の世界と俗の世界を区別する結界」であるとすれば、瀬戸内、山陰の弥生墳丘墓とのかかわりあい、ひいては三輪山麓一帯と瀬戸内、山陰との関連の謎が一層深まってくる。

陪冢のいずれにも、踏み込むことはでき得ない状況である。

■五社神《ごさし》古墳（伝神功皇后陵）

奈良県奈良市、墳長275m

三輪山麓の（陪冢を伴う）巨大前方後円墳の築造が絶えるころ、次いで造られるのが佐紀盾列の西群である。

前方後円墳の型は踏襲しているが、伴う陪冢は全く異なって小形の円墳方墳になり、比較的大型の陪冢を伴う前方後円墳は古市地区と和泉地区に年代を同じくして造られ、やがて佐紀の地における古墳築造の勢力は消える。

三輪⇒佐紀⇒河内⇔和泉と政治権力の移動説も強いが、陪冢の点では連続の一致性がうかがえない。

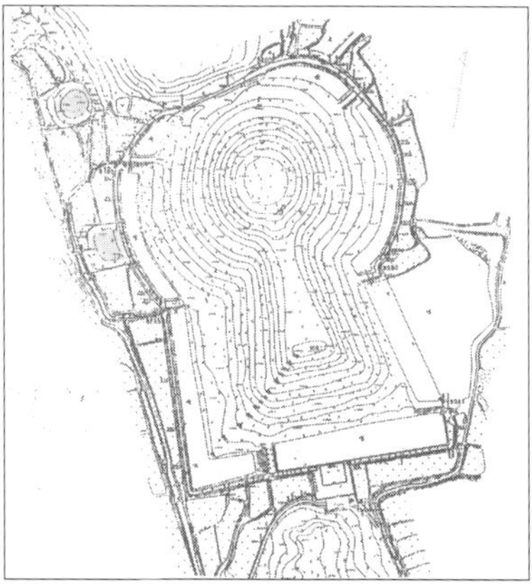

前方後円墳集成より

佐紀盾列古墳群は五社神から始まっている。この古墳群について「奈良市押熊町の名に由来する押熊王に象徴される政治集団が佐紀西群を築いた」と考える塚口義信氏説に魅力と説得性がある、と思う。

五社神　い号陪冢

宮内庁が指定したろ号陪冢は、後円部の南西、全周100～120歩くらいの規模で、西側が傾斜し人家に接しているため、周囲をめぐることはできない。

い号は後円部西北に当たる方向、ろ号よりやや小さいが時代を接する三輪山麓の行燈山・渋谷向山の陪冢に比べると、急に小さくなる。

あちらを造った造営工事集団とは、系列の異なる工事集団に変わったものだろうか。

陪冢という点でみる急激な変化の背景を少し調べてみたいものである。

■佐紀石塚山（伝成務陵）

□奈良県奈良市、墳長218m

総長245m・墳長218mの石塚山の東に接する佐紀陵山（伝日葉酸媛陵、総長255m・墳長207m）、南に佐紀高塚（伝称徳陵、総長140m・墳長127m）の3基が、殆どすき間なく並ぶ様

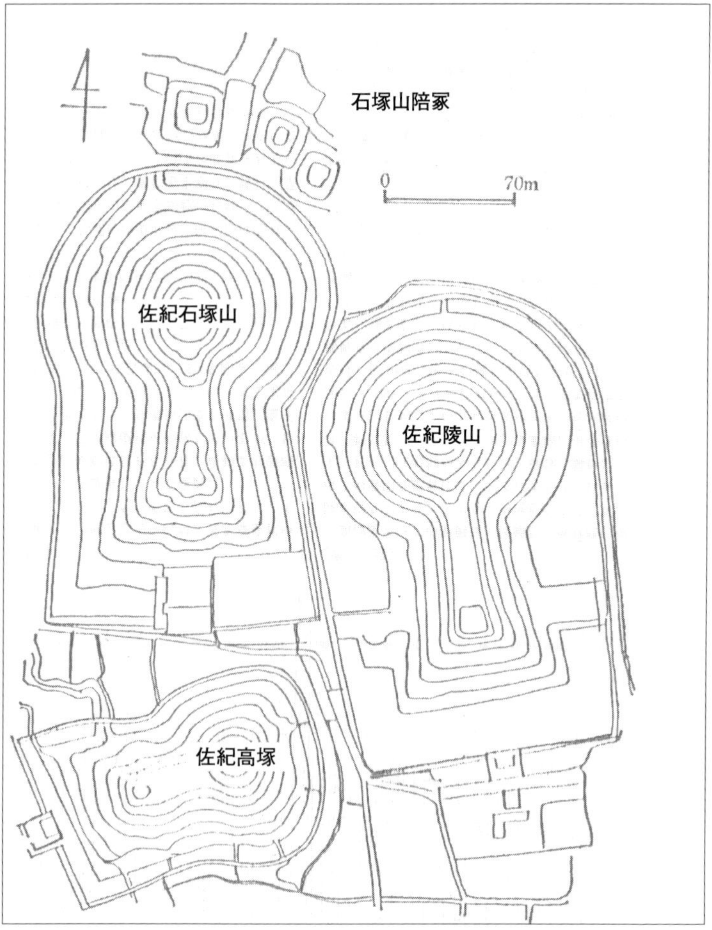

は壮観である。

後円部北背後に3基の方墳を陪冢として随えるが、草木が余りにも繁茂し墳形を確認することはでき得ない。

石塚山　西陪冢

■ヒシアゲ（伝磐之媛陵）

□奈良県奈良市、墳長219m

ウワナベ、コナベと相接するように築造されている。佐紀西群にも石塚山、高塚、陵山が接していた。なぜこのように3基が接するのだろう。ヒシアゲ→コナベ→ウワナベの順に築かれたようだが、被葬者間に強いかかわりあいがあったか、血縁の濃い間柄であったかも知れない。

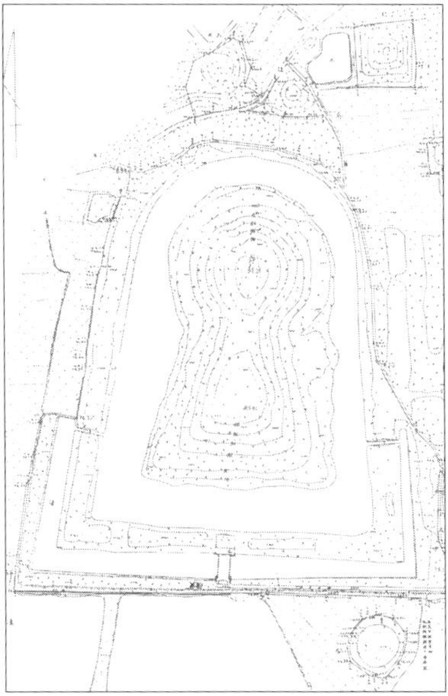

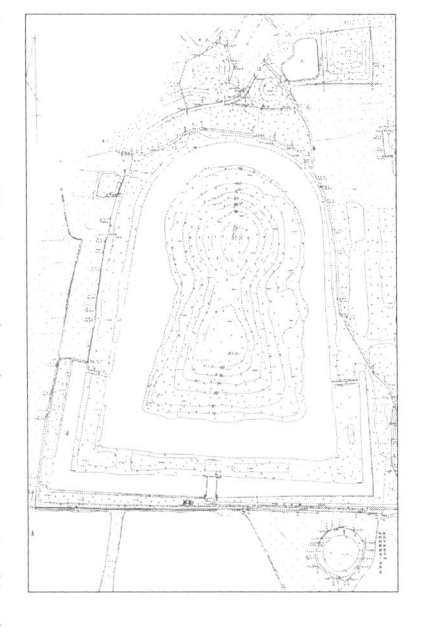

後円部北に3基の方墳と東北の1基が陪冢と考えられているが、茂りすぎた樹々がその姿を覆いかくし

ヒシアゲ　は号陪冢

ている。

東北の陪冢には「平城坂上陵陪冢」と標示があったが、3基ほどは消滅したそうだ。

■コナベ

□奈良県奈良市、墳長204m

西から北にかけて7基の方形陪冢が取りまいている。歴史散策の道筋にあたっているが、人家に囲まれた陪冢をそれ、と気付く人も少ないだろう。

1950年代の中ごろ、近畿日本鉄道宣伝課が数多く発行した「近鉄沿線風物詩」（10.5×20cm×26P程度の小冊子ながら、内容は何れもすばらしく充実していた）のうち「古墳」に、くっきりと陪冢が並んだ（当時としては珍しい）航空写真が載っていたことが妙に記憶に残っている。数えると10基以上並んでみえる。

近鉄沿線風物詩「古墳」1956年

竹石健二氏（日本古墳一〇〇選・秋田書房1973）によれば「西側に方墳5基、円墳1基、北側に方墳3基、東北隅に円墳1基、計10基が南北及び東西方向に一直線上に列をなして存在しており、かつては南側と東側にも同じような状態で陪冢があったことを推察させられる」とある。

コナベ　ほ号陪冢

とすれば現存の2倍以上、20基近い陪冢がぐるりと主墳をとり囲み、最も多くの陪冢を随えた、ということになる。

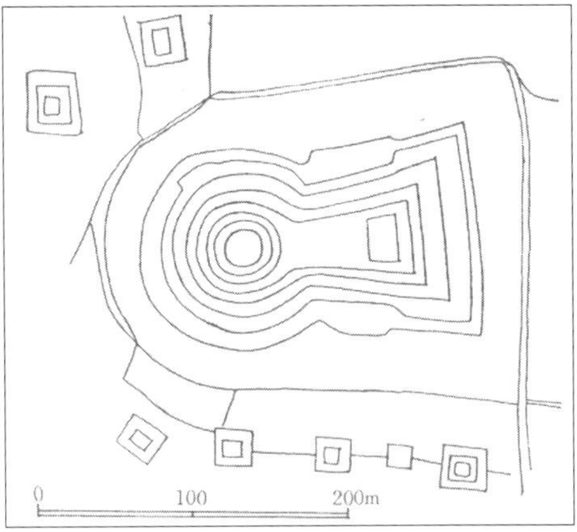

コナベ古墳実測図

■ウワナベ

□奈良県奈良市、墳長255m

陪冢は7～8基あったとされるが、北にあった5基は方墳1基を残し日本を占領した米軍基地に接収されて破壊された。

1945年12月、アメリカ占領軍のキャンプ地内の「大和6号」と仮称した調査の状況は、森浩一・巨大古墳の世紀（岩波新

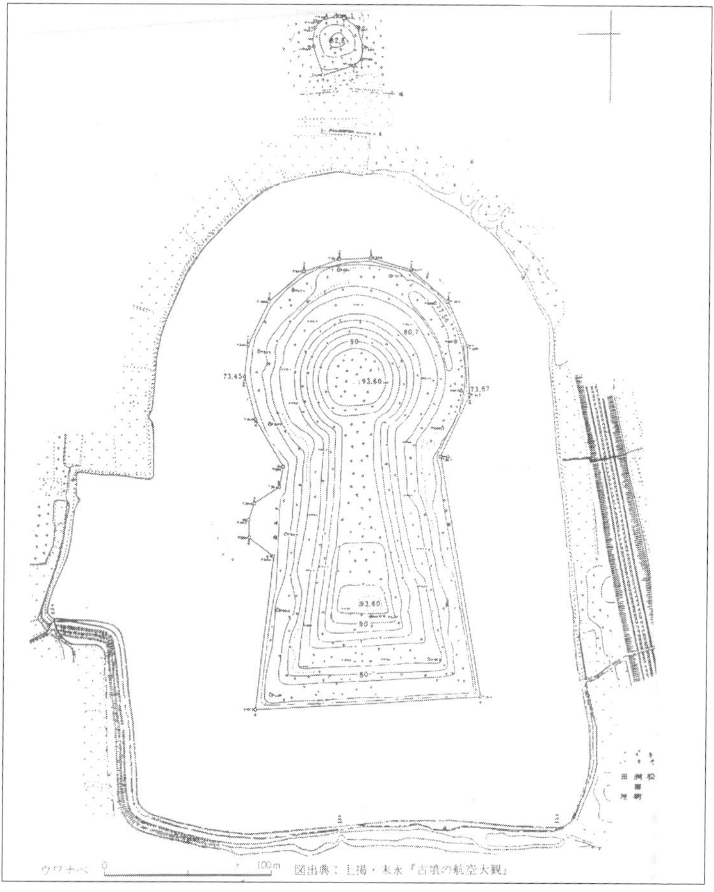

前方後円墳集成より

書1981）に生々しい状況が甦る。

大和6号は主墳の北側周堀外堤に接した径30mの円墳で円筒埴輪が列をなし、墳頂下に大型小形の鉄鋌872個、鉄製品、石製品が一括埋蔵されていた。

1992年11月、外堤の道路拡幅工事のため周濠の水が抜かれ、平素はみることのできない周濠の底や「造出し」が姿を現した。意外に浅い濠だが泥がたまり、とても歩いて渡れそうもなかった。

晩秋の陽を全身に浴びて、のんびり日なたボッコの中年男がいた。結構なご身分、と思ったが宮内庁書陵部職員で不埒者が墳丘に侵入せぬよう監視していた、そうだ。

記憶に間違いがあるかも知れぬが、あるゼミナールで上田正昭氏から「ウワナベはウワナリの転訛したものではないか、ウワナリ即ち女性を葬ったかも知れぬ」とお聞きしたが大和6号にあれだけの鉄を副葬した点を考えれば、やはり被葬者は大王、男性ではないだろうか。

■鶯塚

□奈良県奈良市、前期／後半、墳長103m

近鉄沿線風物詩　歴史1　1956年近畿日本鉄道・宣伝課

山麓からの比高200m、大和で最も眺望のすぐれた位置にある古墳で、まさに「大和し美し」の地である。

幾度となく登った若草山山頂の、こんなところに陪冢を従えた古墳があるとは思いもよらぬことであった。

葺石がある。佐保川から運んだもので

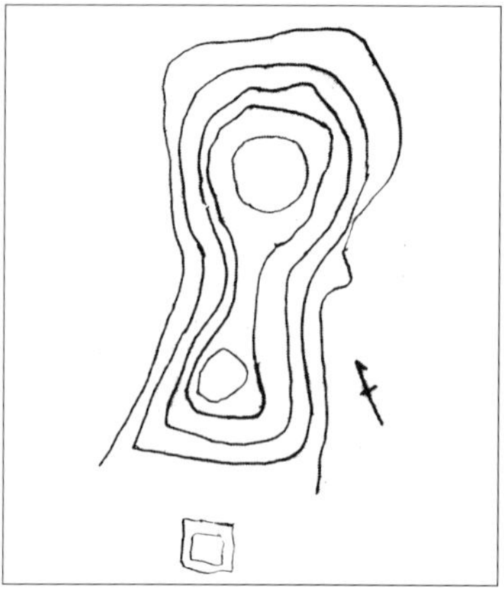

あろうが、緑の山頂に石に覆われて輝く大王墓を、佐紀盾列古墳を築きつづけた人々も、平城京の大宮人も朝に夕にこの山を仰ぎ、権力をもったかつての王者を偲んだことであろう。

■宝来山（伝垂仁陵）

□奈良県奈良市、墳長227m

宝来山古墳　歴史を空から見る　歴史と旅1982年

「歴史を空から見る・歴史と旅1982年」には航空写真で前方部南南西、西部、後円部西北の3基を「陪冢」としているが、書陵部職員に聞いたところでは、「前方部周濠・近鉄線路を越えてすぐの地点にも1基あった」ということだが現存しないようだ。確認できなかった。しかしその延長線上、近鉄線路より東へ約150mほどのところに、陪冢3号が比較的よい状態で残っている。

後円部西北の陪冢は車の通行はげしい道路、バス停のすぐうしろ、くびれ部西の陪冢は「村社皇大神社」の境内に取り入れられており、後円部東「い号」は一辺12m、高さ約1m程度で、きれいな姿で残されている。墳丘が1mと低いのは、削平をうけたためではなかろうか。

後円部東い号陪冢

■河合大塚山

□奈良県河合町、墳長197m

5世紀後半の時期では奈良盆地最大級の前方後円墳。同じ城山（5世紀末～6世紀初頭109m）、中良塚（68m）および円墳の高山2号（径35m）、3号（径30m）、4号（推定径20m）、丸山（径48m）、そして二段築成の方墳・九僧像（一辺35m）を大塚山古墳群としている。

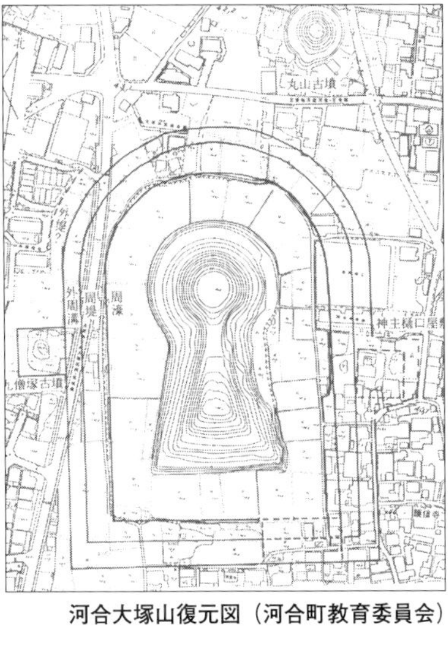

河合大塚山復元図（河合町教育委員会）

九僧像古墳は2段築成、調査によって大塚山の外周溝に接して計画的に配置されていることから陪冢とみなしてもよい、と考えられる。（河合町教育委員会）

また大型円墳・丸山は大

塚山周堀東の延長線上にあるが、その時期では盆地最大級とみられる城山古墳とのほぼ中間にあたり、河合大塚山の陪冢とは決め難いようだ。

■築山

□奈良県大和高田市、中期／後半、墳長290m

1983年、残暑きびしい9月、「馬見古墳見学会」に参加以来全く久し振りに訪れた築山は、周濠の水を抜いて墳丘裾部の補修工事が、ほぼ終わった状態だった。

馬見丘陵の南端部に位置し、10基ほどで築山古墳群を構成するが、馬見古墳群を眺めると、「数基が集まって一つの支群を形成する」分布が目立つ。それぞれに「首長墳と陪冢」の関係があるだろう。

築山陪冢　馬場崎茶臼山　左向こうは築山

築山の航空写真では、住宅に囲まれた陪冢がよくわかる。前方部北、コンピラ山（円墳・径55m）後方部東、馬場崎茶臼山（円墳・径50m）は2段築成で、意外に墳高がある。

「別に名前はなかった。子供の頃から住んでいるが昔から樹もなかった」。馬場崎茶臼山の隣接地居住者の話だった。

もう1基はくびれ部北側、児童小公園に、「通称かん山」の石碑の立つ墳丘がそれに当たり、径40m以上2段築造の大型円墳で、主墳・主軸に直交する尾根に造営されている。

築山古墳は大王陵の伝承に相応しく、大型円墳3基を随え、地元では「ミササギ」の名で呼ばれているのは「天皇陵伝承」が現在もうけつがれるためだろう。

くびれ部北　児童公園　通称かん山

■室大墓《むろのおおばか》

□奈良県御所市、中期／前半、墳長238m

麓に奉安された八幡神社社殿そばの階段を80段で墳頂に達する。露出した長持型石棺2基近く、1.4mを超える大型華麗なデザインの復元ハニワが立ち、築造時には後円部をとり囲んでいた埴輪列の壮観さが思われる。

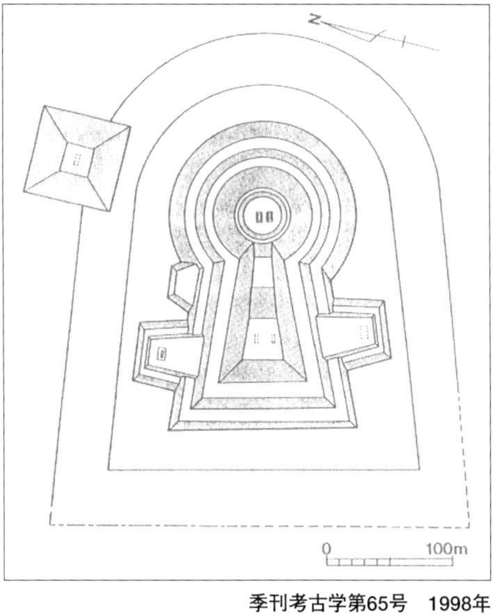

季刊考古学第65号　1998年

埴輪は、いっきに縄状の粘土を捲きあ

げる、と考えていたが、水を含んだ陶土は重量に耐えられず、くずれる。少しずつ乾燥をまって積みあげるそうだ。埴輪製造にも大きな人力と日数が要る。

　後円部の北の陪冢一辺60mの方墳・猫塚は、水越峠—巨勢を通じる道路をへだてて存在するが、墳丘の大半は耕作地になっている。

　室大墓は、宮山の別名もある。

室大墓後円部のハニワ　高141cm

室大墓後円部北陪冢、道をへだてた猫塚

■掖上鑵子塚《わきがみかんすづか》

□奈良県御所市、中期／中葉、墳長149m

　農業道路やあぜ道の散歩を日課にしている古老の話を聞い

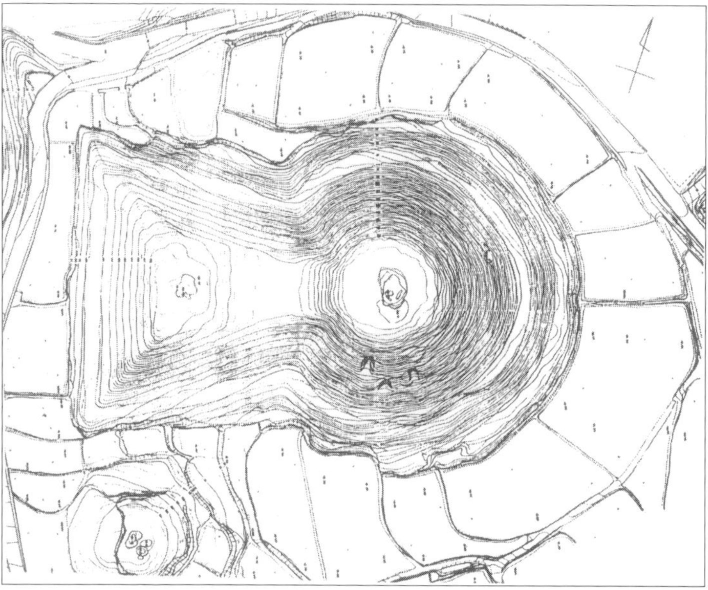

前方後円墳集成

掖上鑵子塚前方部南の陪冢

た。「この附近では昔から竹内宿彌の墓、という言い伝えがあった。飛鳥からも離れていない。主体部は盗掘されて何も残ってないだろうが、子供の頃にはきれいな勾玉をよく拾った。今でも丹念に探せばまだ見つかるかも知れん。棺の納まった石室の蓋石は個人の家に所蔵されている。

前方部すぐ南（径30m・円墳）と、後円部より少しはなれた畠の中の墳丘（一辺25m・方墳）は陪冢だ、もともう1基、後円部北のあの道路の向こう側にあったが、ブルドーザーで削って家が建ってしまった」。

掖上鑵子塚後円部南の陪冢

前方部南に接するような陪冢は、航空写真（古墳の航空大観）をみれば、せり出した舌状台地上にあって周濠を変形させていることがよくわかるが、潅木が繁茂しすぎた現在では、見極められない。

出土した副葬品に関しても、古墳辞典には「金銅製銙帯金具、金銅製垂飾金具、鉄製垂飾金具」とあり、「空から見た古墳」「歴史読本1985　古代天皇と巨大古墳の謎」などは少しずつ異なっている。

前記、古老の「子供のころ」といえばもう70～80年昔のことだが「よく拾った玉」のことを深く聞いておくべきだった。

かつて盗掘乱獲をうけたおり、勾玉管玉など換金性のあるものが持ち出されたが、その一部が落ちていた、ということだろうか。

■久田山《きゅうたやま》F1・F3

□京都府綾部市

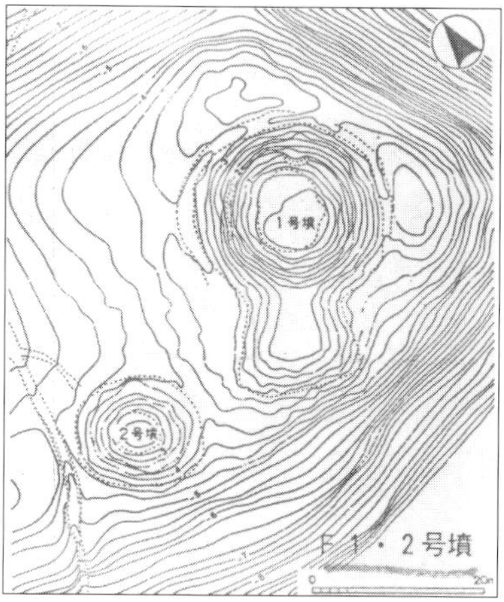

F1・2号

綾部市は「景初四年銘」三角縁神獣鏡を出した福知山市に近く、高速道路をトンネルにして丸山古墳を守った地でもある。

久田山古墳群は80基ほどの古墳、弥生墳墓が存在、A～Jの10支群に分けられている。

H支群以外ほとんど発掘調査はされていない。

F群は1～4号の4基の構成。前方後円墳（F1・3号）と円墳（F2・4号）がセットのように配置され、小円墳はそれぞれ隣接する2基の前方後円墳に従属する「陪冢」と呼んで差し支えない。

ここの古墳群で特に興味、関心がひかれるのは、A支群をはじめ、B、E、G、J、Iの各支群が円墳のみ、D支群は方墳4基と円墳3基、C支群は方墳のみの11基で構成されている。（綾部市資料館）

支群毎の特長は三重・外山古墳群でもみられるが、ここが更に明らかな特長を示している。地域性によるものなのだろうか。

■銚子山古墳

□京都府網野町

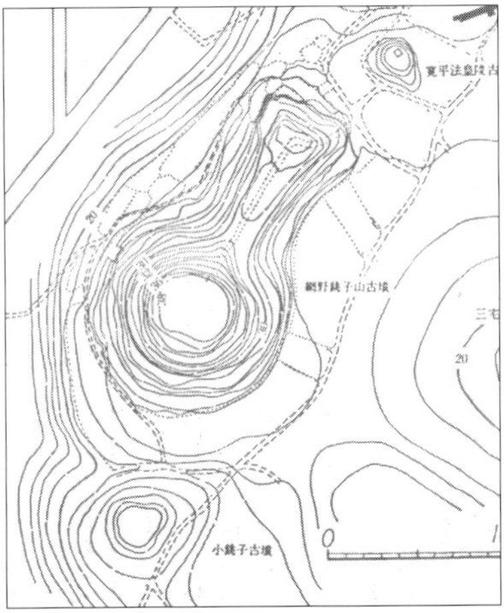

網野銚子山古墳（『網野町文化財調査報告』）

全長198m、日本海側最大の前方後円墳。墳丘は三段築成、葺石をふき、各段のテラス上には合子状埴輪の列が、また墳丘の南側には幅17～25mの周濠がめぐっていた。

前後には、小銚子古墳と寛平法皇陵古墳の2基の陪冢（いずれも国史跡）を従えた5世紀初頭の雄大で整美な古墳。

古墳の下に広がる平地は、古代では砂嘴で囲まれた潟で良い港であったことがよく判る。

小銚子古墳

網野銚子山

銚子山古墳の南東約50m。直径36m、高さ4.8mの二段築成。

銚子山古墳の陪冢にふさわしく、葺石をふき、テラス上には合子状埴輪の列が並ぶ。銚子山古墳と同じ5世紀初頭の築造形態で、合子状埴輪は、丹後地方を中心に分布する埴輪で数例あるが、墳丘上に立てられた例としては銚子山古墳と小銚子山古墳だけと、大変珍しい。

寛平法皇陵古墳

銚子山古墳の前方部側にあるが、大きく削平され、墳形や外表施設などはわからない。埋葬施設は竪穴式石室と推定され、凝灰岩製の精巧なつくりの石枕が伝わる。古墳時代中期の遺物として貴重なもの（本覚寺蔵）。

寛平塚

おもしろいことに、ここが浦島太郎の屋敷跡とする伝説が残っている。

銚子山古墳の東北1kmほどに京都府下最大、周囲3800mの淡水湖「離湖」がある。

往古は潟であったろう。標高22mに位置する銚子山古墳も、波打ち際がすぐ近くまで迫っていた。

198mの巨体は海上からも四囲を威圧するに充分であった、と思われる。

■久津川車塚

□京都府城陽市

盾形の周堀をめぐらせた墳長約180mの5世紀中葉の大型前方後円墳に相応しく、竜山石製大型長持型石棺には15cmの厚

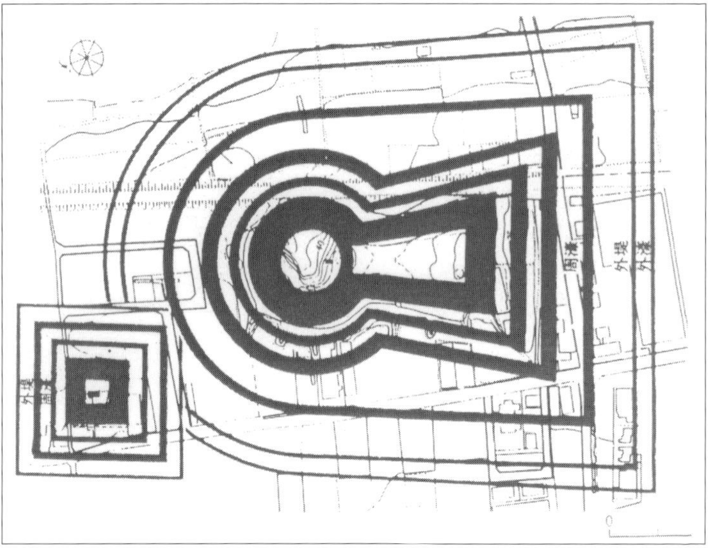

久津川車塚古墳と梶塚古墳　1999年関西大学考古学入門講座レジュメ（南博央氏）

さの河原石、多量の朱とともに滑石製勾玉5,000のほか鏡、鉄刀など多量の副葬品、南北2つの小石室からも多量の鉄製品を伴出している。(原島礼二・巨大古墳と倭の五王)

陪冢は主墳の北側の方墳・梶塚で一辺32m、高さ約5m、2段築成、葺石、円筒形象埴輪を備え、竪穴石室は破壊いちじるしいがなお鉄製品、滑石製品が残存していた。

木津川右岸の城陽地区には、前期古墳を主とする芝ヶ原古墳群をはじめ、尼塚古墳群、西山古墳群、そして前方後円墳、前方後方墳、円墳、方墳で構成する久津川古墳群があるが、そのあと6世紀に入ると久津川地区は減退し、宇治二子塚以外に大型墳は築かれなくなった。

政治勢力の減退、であろうか。

後円部東に、「丸塚」と名のついた「方墳」が現存する。

■馬塚

□三重県名張市

馬塚　周濠がきれいにのこされている。

小塚

取引先のゴルフコンペで往復200km、名張カントリークラブでプレイするうち、「美旗古墳群が近くでプレイ後も充分見学できる」と地元のキャディさんに教わったあと幾度か足を延ばした。

4世紀末から6世紀初頭にかけて約120～130年の間に継続的に、殿塚88m、女良塚100m、毘沙門塚65m、馬塚142m、貴人塚55mと続き、河内・和泉と東を結ぶ要路の首長塚にふさわしい。

5基の前方後円墳とその陪冢と考えられる方墳円墳が各6基ずつあったがその殆どは消滅し、馬塚に随う小塚（方墳）だけが残された。

馬塚は割竹型木棺、竪穴式の粘土槨は江戸時代に盗掘をうけ、後円部頂の中央に、また周濠と造出しも鮮やかにその跡を残している。発掘調査は行なわれていない。

（資料：名張市教育委員会）

■明合《あけあい》古墳

□三重県安濃町

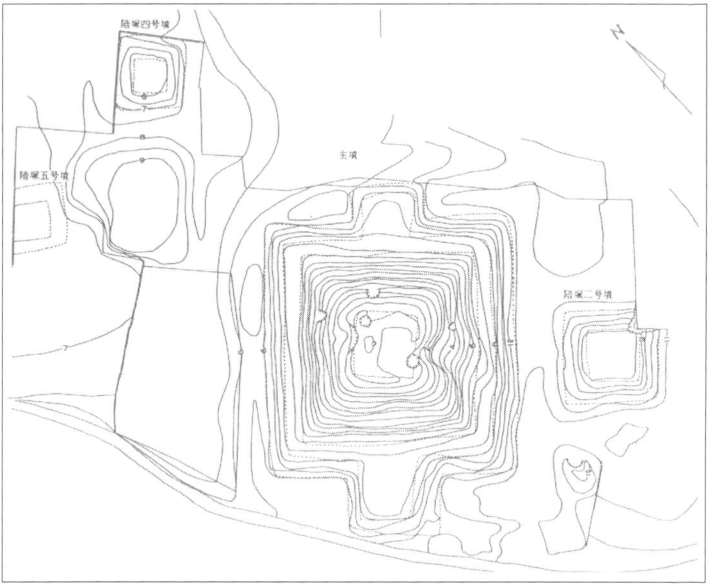

明合方墳

1988年8月、伊勢神宮司庁・和田年弥氏が講師で、鈴鹿周辺の遺跡・亀山茶臼山、能褒野塚、白鳥塚、伊勢国分寺跡、保子里古墳群、明合古墳を見学した。

中でも方墳の両側中央に、方形壇状の造出しをつけた特異な形態、そして陪冢を伴う明合に目を奪われた。全国で唯一の存在だろう。

墳丘部は2段築成で幅60m、墳長平坦部幅15m、高さ8.5mで傾斜はかなり急、造出し部分は北側のものが1.8m、南側は2mと低い。

埋葬施設は不明であるが、葺石、円筒ハニワが認められている。

陪冢は8基あったと伝わるが、現在は北側2基、南に1基、何れも方墳が残るだけである。

(上野見学会資料)

明合古墳5号陪冢

■能褒野王塚《のぼのおうつか》

□三重県亀山市

日本武尊※が東征の帰路、病死された地に尊を祀る加佐登神社があり、すぐ背後に築かれた径70m高さ13mの円墳、白鳥塚がその墓と伝わっていた。本居宣長も「古事記伝」で、この塚を尊の墓としている。

日本武尊像（加佐登神社）
意外にも颯爽とした姿でなかった。

しかし1879年、宮内庁が西南4kmの丁字塚を能褒野御陵と指定したのは、伊勢地方で最大、墳長90m、見事な周堀、外堤、数多くの陪冢を従えた中期／前半の古墳が、陵墓として相応しい、と判断したためであろう。

主墳の周辺10数基のうち約10基が東側に集中しており、こ

能褒野王塚

れら総てを宮内庁で管理しているが未調査、年代も下がり主墳を除いて6世紀後半の後期に属するようだ。

(資料：亀山市教育委員会)

■西の野1号・5号墳

□三重県鈴鹿市

西の野1号の王塚は後期後半の築造、5号墳は前方部を道路が横切り、かなり崩壊しているが、ほぼ同時期とみても良い。

100基以上もあった古墳群は長年の開墾によって現在では13基を残すのみになった。

国史跡1号の王塚は濠・土塁を伴い、総長90m、墳長63m、後円部東北に円形陪冢1基がある。

墳長30mの小型の前方後円墳ながら5号墳は陪冢5基も従えている。

後世、大化改新後に国衙が設置される素地は、すでに古墳時代にここにあった。

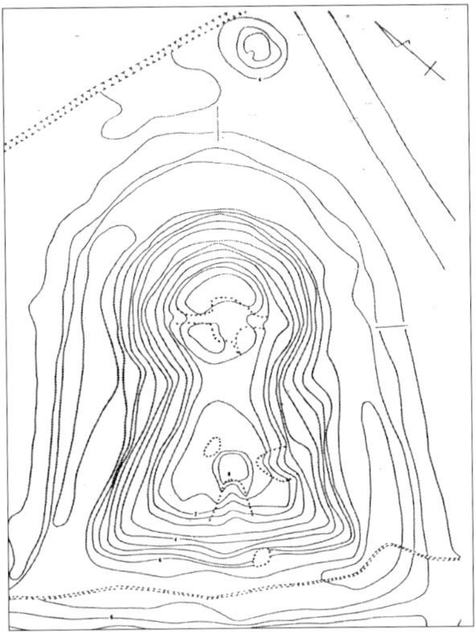

西の野1号墳

西の野5号墳

西の野王塚5号墳の盗掘あとに感無量。白日の下にさらすには余りにも醜悪、とメモが残っている。

■御《み》墓《はか》山《やま》

□三重県上野市

前方後円墳集成

墳丘188m、三重県で最大の前方後円墳で、古墳時代の中期に造られている。現地に立つと「桜井茶臼山」と同じように、丘尾を切断して築かれたことがよく理解できる。

柘植川から運んだであろう葺石は、意外に小粒で拳を重ねた程度の粒が多い。

陪冢2基といわれるが、自然林に戻った墳丘とその周辺には潅木が繁り、元の姿は僅かしかうかがえない。

後円部西南の周堀跡には、出口のない水が淀み、その向こう、丘状も定かに見極められない高まりが、その1基であろう。あと1基、東南部と考えられる位置は工場敷地になっていた。削平されたものであろう。

1921年（大正10年）に「史蹟指定」の碑があった。しくじった、やはり必需品のカメラに拓本材料、釣鐘墨・紙は欠かすべきでなかった。

明治末～大正期の盗掘と伝わるが、後円部頂は大きく凹み、白日に照らされて痛々しい。

葬られた首長も浮かばれまい。

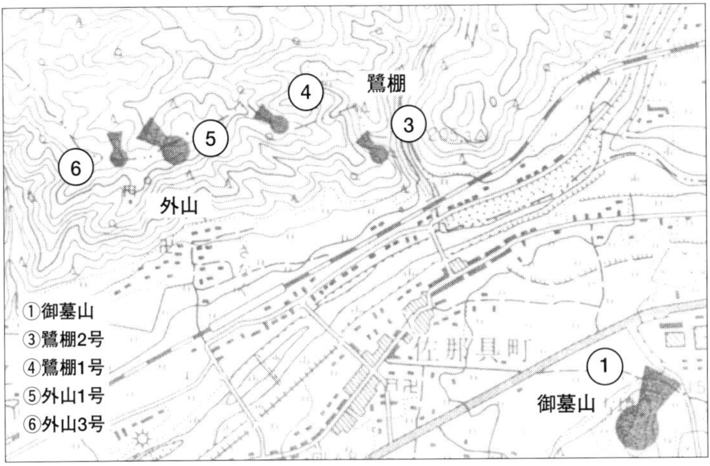

前方後円墳集成

柘植川を挟んでわずか1kmほどの向こうに、御墓山より数十年遅れ規模も50m前後に小型化するが、鷺棚、外山と陪冢を伴う古墳が集まる。

古今を通じて交通の要衝で、豪族が相応の勢力をもっていたものだろう。現在でも狭い山の間にJR、名阪国道が走る。

■鷺棚、外山

□三重県上野市

南北から迫る山あいを流れる柘植川を挟んで、南に三重県最大の御墓山、北に後期の群集墳が築かれている。

鷺棚、外山はJR佐那具駅のすぐ北の丘陵にある。この附近には奥弁天、樋口谷、片平、西元谷、東元谷など15を数える古墳群が密集し、それぞれが近接、密着している。

図を見る限りでは「主墳、陪冢」をどう考えればよいのか見当がつかない。

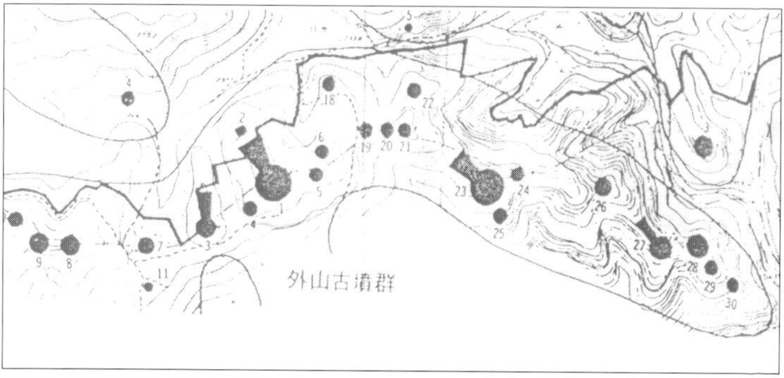

阿山町教育委員会「奥弁天1号　源六谷6号調査報告書」

外山古墳群はこの稜線上にある（JR佐那具駅から）

また支群の中には、前方後円墳と円墳で構成するもの、方墳が主体で数基の円墳が加わる群、円墳ばかりで構成するグループなど支群毎に特長がみられて面白い。

鷺棚、外山古墳群の麓にとりついたが、急傾斜、45°くらいあると見受けられる。登り口はおろか「けものみち」すら見当

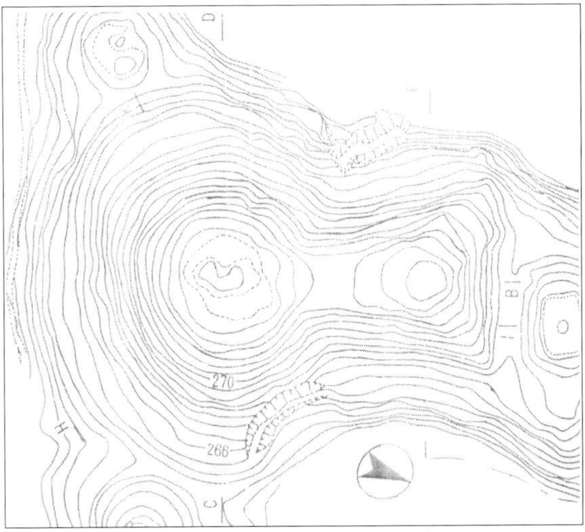

外山1号

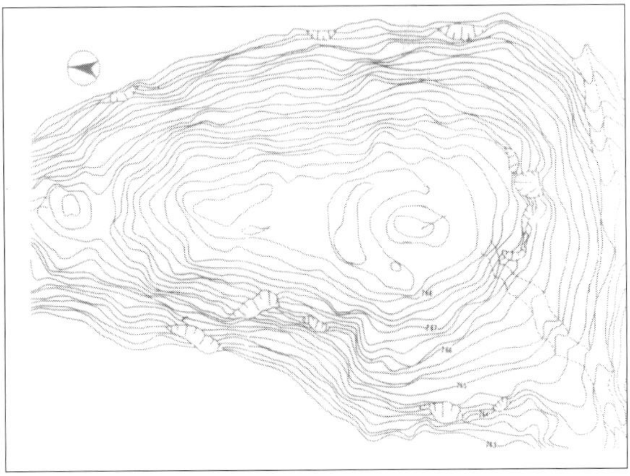

外山3号

たらず到底踏み入ることができなかった。

組織に属さない個人の力の弱さを、いつものように改めて思い知らされたが、上野市教育委員会より頂いた資料にたよることにする。

日本武尊（ヤマトタケルノミコト）

記紀が伝える武人で、その姿は両書の間にかなり差がある。景行天皇の皇子、初めの名はオウスノミコト。景行28年クマソを討ちヤマトタケルの名を奉られた。40年東夷に出征に際し、伊勢神宮に詣でヤマトヒメミコから授けられた剣・天叢雲の剣で焼き討ちの難をのがれている。

諸国を経て伊吹に向かったが病を得て伊勢・能褒野でなくなり、白鳥と化して東へ飛んだと伝わる。

伊勢と奈良・御所、大阪・羽曳野の三カ所に白鳥陵がある。

もとより実在の人物とは考えられず、「ヤマトの猛々しい男の集団」を擬人化し、大和政権発達時期の東伐西征を抽象的に集約したものであろう。

白鳥陵

1879年まではここにヤマトタケルを祀ると伝わっていた。

径70m高さ30mの大型円墳。

■手繰ヶ城山

□福井県松岡町、前期／後半、墳長128m

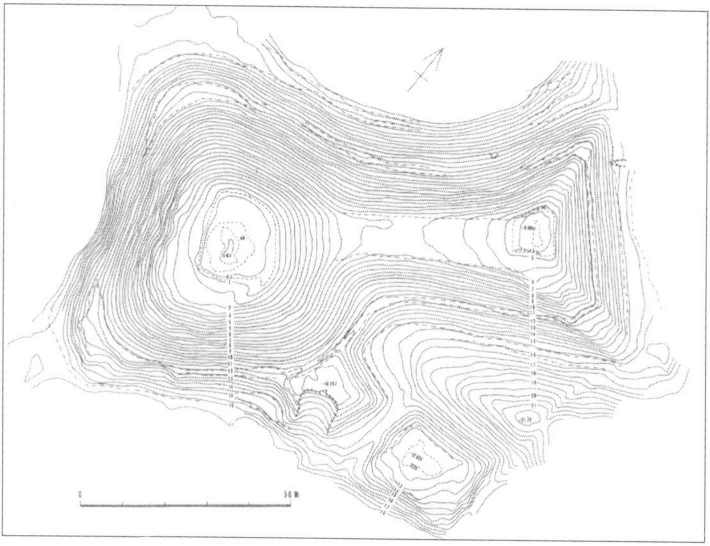

松岡山古墳群を守る会

越前・信濃の古墳は高地、かなり傾斜の強い山上に築かれている例が多く、登るのがきつい。

傾斜、狭い痩せ尾根を利用して削り、また盛りあげ整った形に完成するには高度な技術を要したことだろう。

葬られた首長は己の統治した地を見渡したい、そして死したあとあとまで仰ぎ見させせる、強い意図が察しられる。汗をぬぐいながら登る道でそんなことを考えていた。

手繰ヶ城山から近い個所に旧軍隊の下北志監視哨跡が残っていた。太平洋戦争開戦日から終戦の日まで、6班8名編成で交替勤務していた、と説明板が残っている。それほど見晴らしの良いポイントだったわけだ。1600年前の首長もいいとこ

手繰ヶ城山　後円部造出しと陪冢

ろに目をつけた。

水田比高130mのやせ尾根を利用したため、後円部が歪んでいる。後円部に接する方形状は造出しと同様の施設であろう。六呂瀬山1、3号にも、また後円部造出しに陪冢が隣接する例は大分、福岡にも類似がある。どうして遠隔の地に類似形が飛ぶのか、椀貸山1号墳も石室構造に北九州との類似が指摘されている。

墳丘を覆う河原石は、直線1kmほどの九頭竜川と支流永平寺川から急坂を手越しに運んだものであろう。高低差を考えるときつい作業であったハズだ。

方墳の陪冢は25.5m×23.1m×3.5mの規模。両サイドの傾斜からせりあがったような形で、後円部頂とは可成りの高低差があった。

■二本松山

□福井県松岡町、後期／前半、墳長83m

松岡公園からの比高250m余、海抜273mの二本松山古墳までの途中、稜線上に乃木山、三峰山、石舟山、鳥越山と古墳がつづく。

2000年11月、初冬の日暮れに足許も暗くなる。ポツリポツリ雨脚も次第に強くなるようだ。急いで上り下りの坂道と片道1,000段の階段を一気に登りつめたが、あちこち人家の灯が

福井県考古学界例会資料

二本松山陪冢

ちらつく越前平野の眺望はすばらしかった。ここの主はいつまでも己の支配地を眺めていたかった。そんな気持が伝わってくる。

松岡古墳群首長塚の系譜は、手繰ヶ城山→六呂瀬山1号→泰遠寺→六呂瀬山3号→石舟山→二本松山とつづき、二本松山は墳長83m、5世紀末～6世紀初頭に造られたようで、六呂瀬山3号、石舟山とほぼ同じサイズに造られている。

1号石棺は江戸時代享保年間（1716～1735）に既に盗掘をうけており、再び明治13年再発掘し、勾玉、刀、甲具を検出している。2号棺は明治35年の発見で、直葬刳抜式石棺。鍍金製、鍍銀製冠、管玉、眉庇付冑など多彩豊富な副葬品を伴った被葬者はその葬られた位置、副葬品から推して、数世代つづいた三国国造の中でも最大級の権力を有した人物であっただろう。

くびれ部東に隣接する陪冢は円墳状、2mほどの高さでなだらかな曲線を保っていた。

■石舟山

□福井県松岡町、前方後円墳、中期／後半、墳長83m

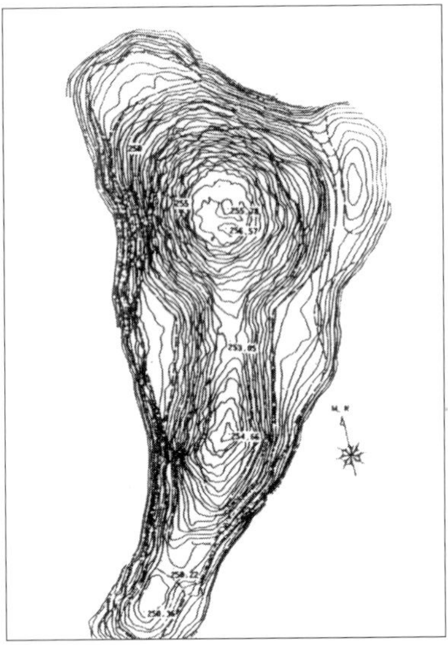

石舟山（『福井考古学会例会資料』より）

水田比高236mの高所、比高では第6位くらいになり、中・大型の分野では二本松山に次いで第2位の高い地点になるが眺望の点では二本松山よりかなり劣る。

稜線尾根を利用して伸びた前方部が柄鏡式を造っている。舟形石棺は身の底部しか残っていないが、もう1基ある可能性があるそうだ。

日も暮れはじめ加えて雨に足許をとられがち、自分の足で充分に確かめることはできなかったが、陪冢は前方部に続く尾根上にある。

ここにつづく「三峰山古墳」は同じく前方部北西に隣接する隆起が陪冢とみられていたが、発掘調査の結果、中世山城のあと、とわかった。古墳ではなかった。今もトレンチ跡が残っている。

陪冢でなかった三峰山トレンチ跡

陪冢の判断は極めてむつかしい、との証であろう。

■六呂瀬山《ろくろせやま》1号墳

□福井県丸岡町

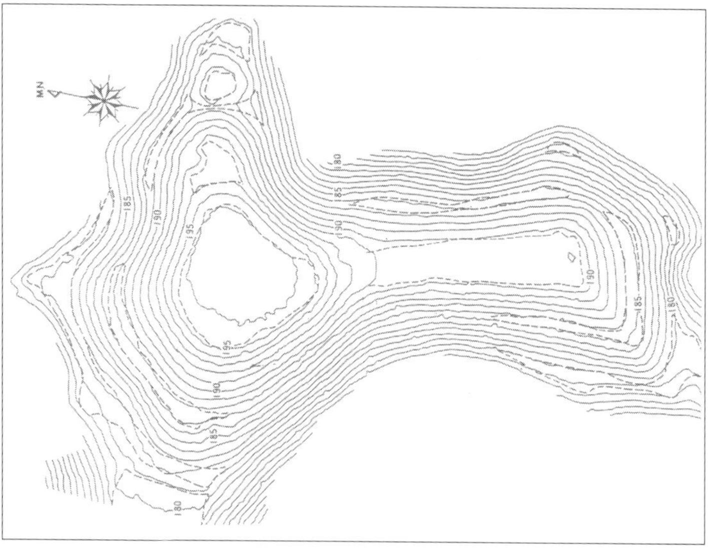

六呂瀬山1号

1989年9月、3日間も続いたイベント「越まほろば物語」の一環として「古墳造営体験・葺石運び」が行なわれた。ここに葺かれた30～40cmの石は約10万個にもなる。

この日集まった4,000名が、九頭竜川から約3km、水田からの比高約170mをリレー式で約1,600個の石を運びあげた。

単純計算で1個の石をうけとって次に渡すのに3秒かかるとすれば、4,000人が1日8時間休みなしで105日、仮に2,000人とすればそれだけの作業で210日。実際に葺かれている石は当日よりやや大ぶりのため、倍にも相当する日数を要したことであろう。

六呂瀬山1号墳陪冢
中央部に凹みが残っているのが分かる。

前期後半・墳長140mの築成で、初めて訪れたときの道は、未完成未舗装であったが、いま(2000年11月現在は）R364が墳丘の裾を走り、九頭竜川を挟んで松岡古墳群と向かいあっている。

後円部が造出し状に張り出し、陪冢が隣接する。

一段低い隣地に存在する「六呂瀬山3号墳」にも共通するタイプで、大分、北九州にも似た古墳がある。この謎は日時をかけて考えたい課題だ。

数個の埴輪片が地表に認められる。手にとってみたが、随分堅そうだった。これも放置すれば遠からず土に戻ってしまうことだろう。

■六呂瀬山3号墳

□福井県丸岡町、中期／前半、墳長85m

眺望がすばらしい、1号墳の手前に横たわり、平野部から後円部を仰ぐことができた。暴れ川の九頭竜が蛇行している。ここの王者は九頭竜の流域を押さえていたのだろう。とメモしている。

墳長85mで1号墳を短くし、他は1号墳の80%程度の規模で設計したようだ。

	墳長	後円部径	後円部高	前方部幅	前方部長	前方部高	くびれ部幅	前方部	後円部	葺石	張出	陪冢	ハニワ
1号	140m	78	13	58	67	11	48	2段	2段	有	有	有	円筒、朝顔Ⅱ式形象
3号	85m	67	11	48	37	9	41	2段	2段	有	有	有	円筒、朝顔Ⅲ式形象
対比	60%	87	85	83	55	87	85						

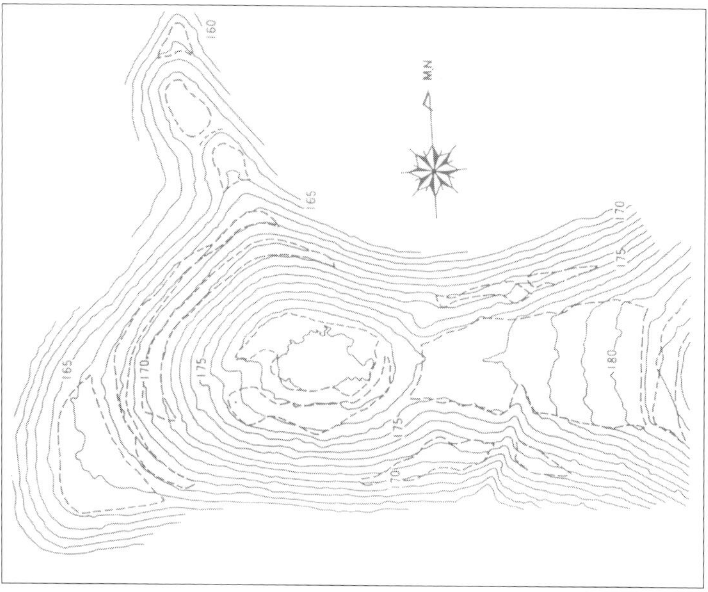

前方後円墳集成

石棺直葬、未調査であるが、3号の主は1号に一世代おくれた後裔で少し下の低い地に築いた、ということであろう。

ここも同様に後円部が張り出した先に、陪冢が造られていた。

後円部に張り出し、その先端に陪冢がつづいている。地形を利用し1号墳と同じ型にした設計である。

北九州との類似が複数存在する。この謎はもっと調べたい点である。

■横山古墳群

□福井県丸岡町

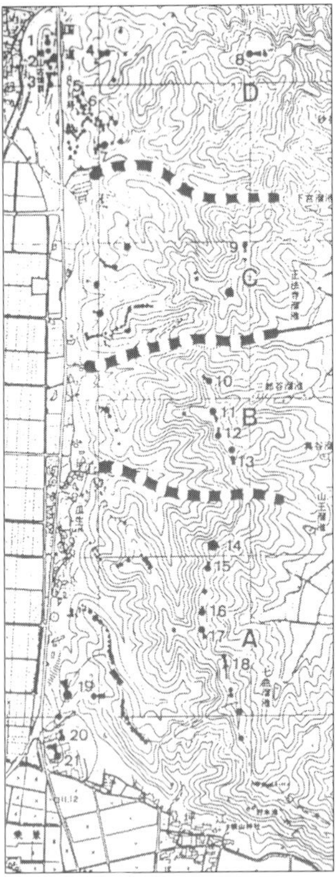

横山古墳群

坂井郡丸岡町坪江から国道8号線を北上すると、ゆるやかな坂にさしかかる。

この附近から坂を下り切る中川までの短い区間の左右に「陪冢を多く伴う横山古墳群」がある。

下草、笹、倒木や樹々に遮られて、とても古墳群への道が見当たらない。

北のふもとのガソリンスタンドに車を停め「古墳群に入る道はないでしょうか」と問うていると急に奥から顔を真っ赤にして「古墳を掘るとは全く怪しからん、一体何だ」気色ばんだ男性が飛びだして来た。

ラフな姿をしているが、盗掘の輩かどうか一見すれば分かるだろうが、何だか分からんまま興奮している人に説明しても仕方ない。それにしても「墓盗人」に見られるとはネー。

チェーン装脱のわずかのスペースに車を停めR8北側へ入る径をさがしたが、とても5mは入れない。

南にわずかの小径を見つけて100mほど進んだが、古びた墓が3基並ぶ地点で行き止まり、笹に覆われてとても古墳地形は判断できない。個人の力ではどうにもならぬ。断念して引き返したが、膝から下はすき間もなく「イノコヅチ」がぴったりくっつき、先を急ぐ旅に余分な手間がかかった。

福井県教育委員会「国道364号線建設に伴う発掘調査報告書1980」を抜粋させて頂く。

⑳ 椀貸山2号は ㉑ 1号の陪冢、全長26.1m、周濠、葺石、埴輪、横穴式石室を伴っていたが、既に消滅している。

主墳の1号は馬蹄形周濠に囲まれ（現在地表にはその痕跡は認められない）墳長45m、後期前半の築造で、1972年横穴式石室が陥没し、埋葬施設が九州の影響をうけていることが分かった。この近辺の古墳は、造出し、陪冢など九州との関わりあいを持つ点が多い。

訪れた2度とも休日で、断って工場構内に入れて頂いた。

学校敷地内、神社仏閣境内に古墳が含まれる例はいくつもあるが、工場内はここと福岡のビール工場敷地に1基あった。そんな程度と記憶している。

前期末頃から後期後半までの長期間も築かれつづけた横山古墳群の主な点を表にすれば下記のようになる。

番号	名称	全長(m)	後円部径(m)	後円部高(m)	前方部長(m)	前方部幅(m)	前方部高(m)	盗掘	陪冢
1	中川北	27	18	3.2	11	17	2.8	○	前方部先端東北隅に径8m、高1mの円墳が陪冢的位置を占める
2	中川中	41	24	3.7	19	25	4.3	○	前方部北西に若干離れて径10m余、高1.3mの円墳が陪冢的位置を占める
3	中川南	50	20	3.8	29	20	4.8		前方部の一部を掘り込んで径15m、高1m余の円墳が築成されている
4	中川奥1号	47	29	7	24	41	6.7		前方部先端南から西の尾根に一辺11m、高2mの方墳の陪冢
5	中川奥4号	32	16	2.6	14	19	3.9	○	
6	中川奥3号	22	13	1.8	10	18	1.7	○	前方部の南側から東にかけて円墳3基が近接している
7	中川奥2号	41	20	2.3	20	24	2.0	○	後円部南東に一辺12m、高1.6mの方墳が陪冢的位置を占める
8	城ヶ岳	47	23	4	25	17	3.5		前方部先端径10m、高1m余の円墳（？）が陪冢的位置を占める
9	瓜生南5号	30	16	3	14		1.5		北と南に接して円墳がある

なるほど盗掘が多い。ガソリンスタンドの人が「スワ盗掘」と勘違いするのも無理はないだろう。

横山古墳群を含む金津は、三尾氏の墳墓の地で、男大迹王が三尾氏の娘二人（三尾角折君妹雅子媛、三尾君堅槭女倭媛）を妃にして近くに居を構え、関係者もまた居住し、隆盛を見たであろう。

三国公の祖、椀子皇子（男大迹王『継体天皇』と三尾君堅槭女倭媛の第二子）の墓と伝承の椀貸山や⑲神奈備山の埋葬施設は、組合式家型石棺の流れをくむ石屋形で、九州地方の豪族との親密さ、交流を裏付け、石屋形は滋賀・坂田郡山津照神社古墳にも共通し、両者の関係の親密さも理解される。

また男大迹王は尾張連草香女目媛も娶り、そのため越と美濃、尾張との交流、つながりが生まれた。

「継体陵」と多くの研究者が指摘する今城塚と、尾張連草香かその一族の墓所と考えられる断天山、中川奥1号、2号が、規模の差があっても、前方部先端が剣菱型という特殊な形をしていることは興味深い。

畿内東辺勢力、若狭、越前、尾張、近江の勢力をとりこみ、また手白香媛を娶ることによって、男大迹王は皇位（継体）に就くことができたものであろう。

■鼓山1号

□福井県福井市

福井市内で初めて確認された「陪冢を伴う前方後円墳」で4世紀末～5世紀初頭と推定される。

主墳は全長48m、木棺直葬、埋葬施設内外から槍先1、剣3、鑓鉋3、靫2のほか鉄斧、鉄鏃などを出土している。

陪冢は後円部中心より北東約30m、径13m、高1mの円墳で、主墳と同様に箱式木棺直葬、白銅仿製鏡、剣を伴っていた。

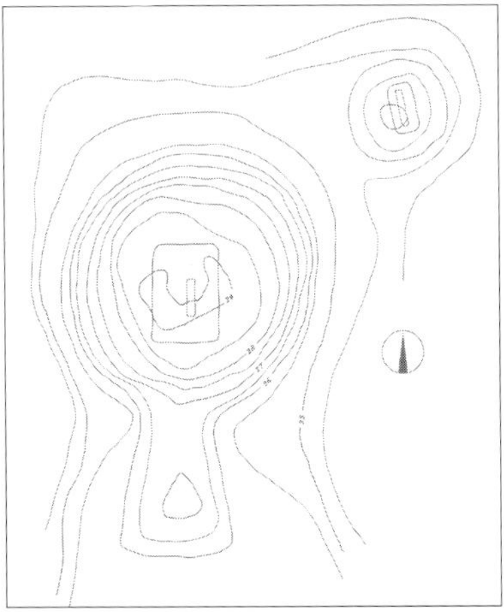

鼓山1号墳

東北約500mほどに矛ヶ崎古墳群がある。この附近の首長墓系列で重要な意味をもつ古墳群で、前方後円墳1、円墳3、方墳4が接しているものの調査がなされていないため、陪冢とは決められないようだ。

(福井市史・市教育委員会)

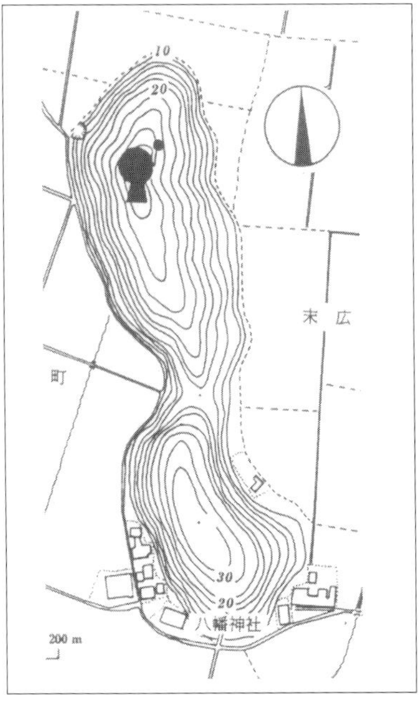

福井市域の南端、水田地帯に全長450m、海抜29m、南北に延びる独立丘陵の北端

■小田中親王塚

□石川県鹿島町

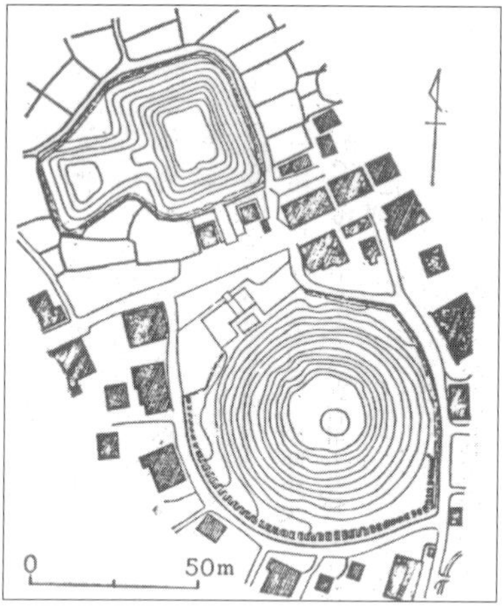

親王塚古墳（下）と亀塚古墳（上）
日本の古墳（東）橋本澄夫

小田中親王塚

金沢から能登に通じる七尾街道の、羽咋―七尾のほぼ中間のあたり、鹿島町小田中の集落を通じる旧道を挟んで、4世紀後葉に築かれた小田中親王塚と亀塚が向かいあっている。

径64mの円墳、小田中親王塚は第10代崇神天皇の皇子・大入杵命の墓と伝わり、三角縁神獣鏡と鋤形石の日本海側東限で、亀塚（帆立貝式の可能性もある。墳長71mの前方後方墳）を陪冢としているが亀塚が先行した、とする説もある。

後方部南裾、東裾、前方部西北隅は治定範囲外で、道路や民間住宅などで大きく破壊され、親王塚にも大きな盗掘跡が残り、その盗掘された副葬品が神社の御神体として伝わっている。

1987年10月、法皇山横穴、狐山とここを1日で巡った。

余談だが崇神天皇は皇子7名・皇女3名をもうけたとされる

が、宮内庁が管理するのは3基だけである。

能登亀塚　後方より前方部

■東上野《ひがしうわの》1号

□富山県高岡市

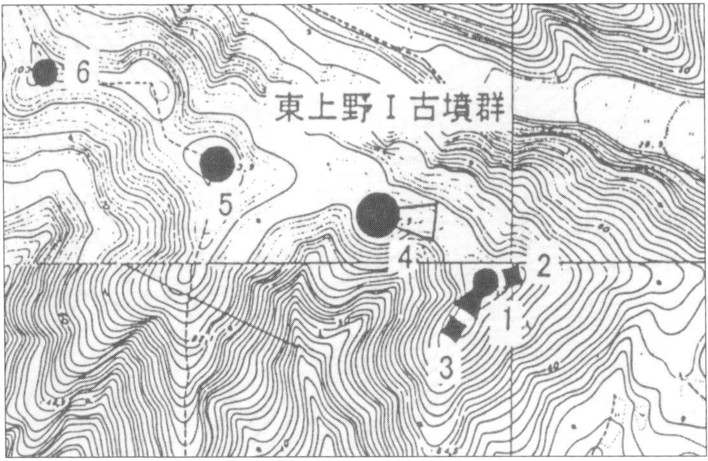

屈曲する小矢部川に沿う標高80～100mの丘陵上に、東上野Ⅰ、Ⅱ古墳群、矢田上野古墳群が存在する。

Ⅰ群は前方後円墳1基、円墳3基、方墳2基からなり、前方後円墳の1号墳は全長33m、後円部幅20m、前方部がバチ型に開

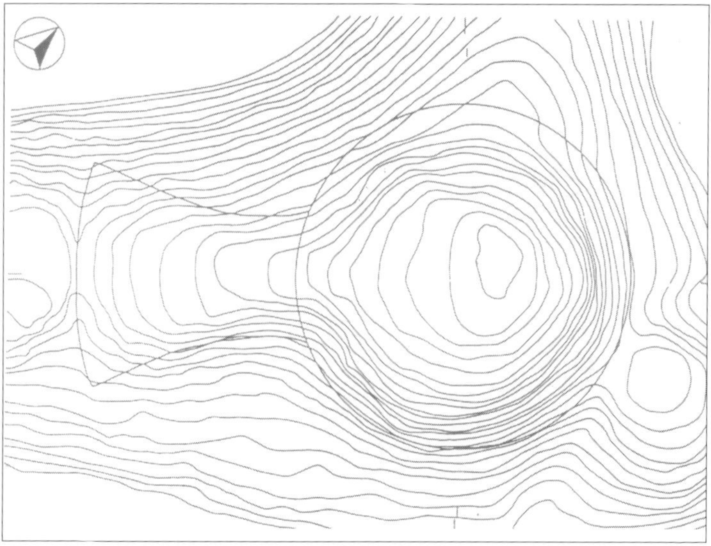

東上野Ⅰ古墳群1号墳

いて古式の型式が残っている。側面を平野部に向けるのは多くの例の通りで、仰ぎ見させることを意識したものであろう。

1号墳に附属する形の2基の方墳は関連する古墳、いわゆる陪冢と判断できる。小矢部川流域には東上野1号に先行する48mの谷内16号、ほぼ同時期、関野1号（65m）の前方後円墳、径30mの円墳国分山があり、この地域も小型前方後円墳の先進地であったが、古墳時代前期に、陪冢を伴う古墳が造られていたことに驚く。

■男撲《おやんど》1号

□富山県高岡市

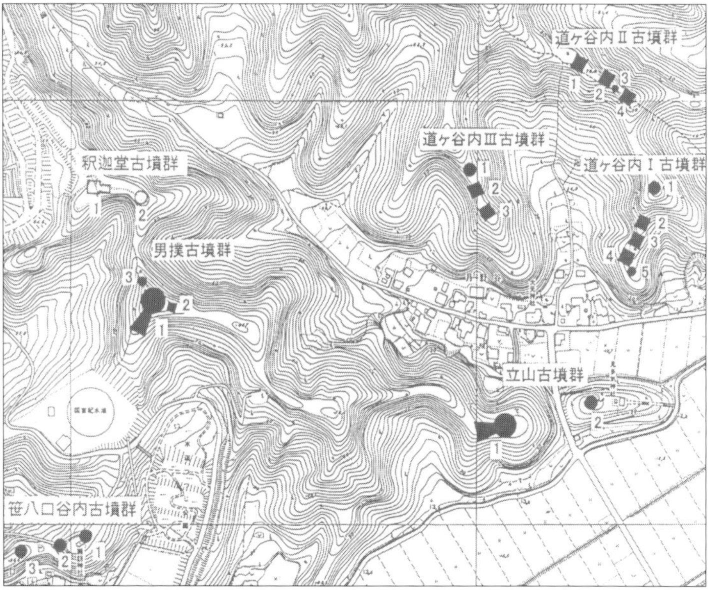

男撲古墳群は東上野古墳同様、小矢部川流域左岸、西山丘陵にあり、前方後円墳、方墳、円墳各1基からなるが、「前方後円墳集成、また古墳辞典」には収録されていない。

前方後円墳の1号墳は、全長58m、前方部長25m、前方部幅14m、前方部高14m、後円部幅31m、高5mと推定され、後円部削平、前方部崩落によって変形している。

主体部はわからないが、鉄剣ないし槍先と思える破片が表面採取され、附属するかたちで、小古墳がある。陪冢とみなしてよいと考えられる。

(高岡市教育委員会のご教示による)

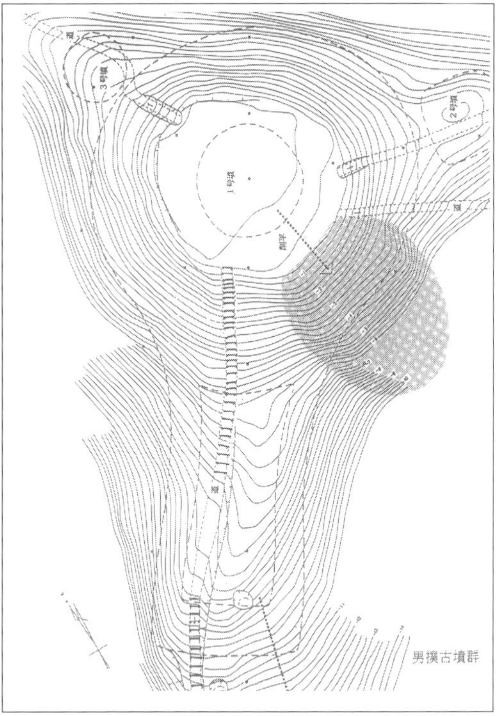

男撲古墳群1号（高岡市教育委員会）

■太田天神山

□群馬県太田市

奈良、大阪、岡山の19基を除くと全国で最も大きく、宝来山、市の山と同じく227m、5世紀中ごろの第2四半期、この地域が最盛期のおりに、最も権勢の強力であった首長が葬られている。

後円部から周濠をへだてたA古墳は後円部の東北、径29m、高3m弱の円墳で周溝を伴うが、南西側の13.5mほどは掘られ

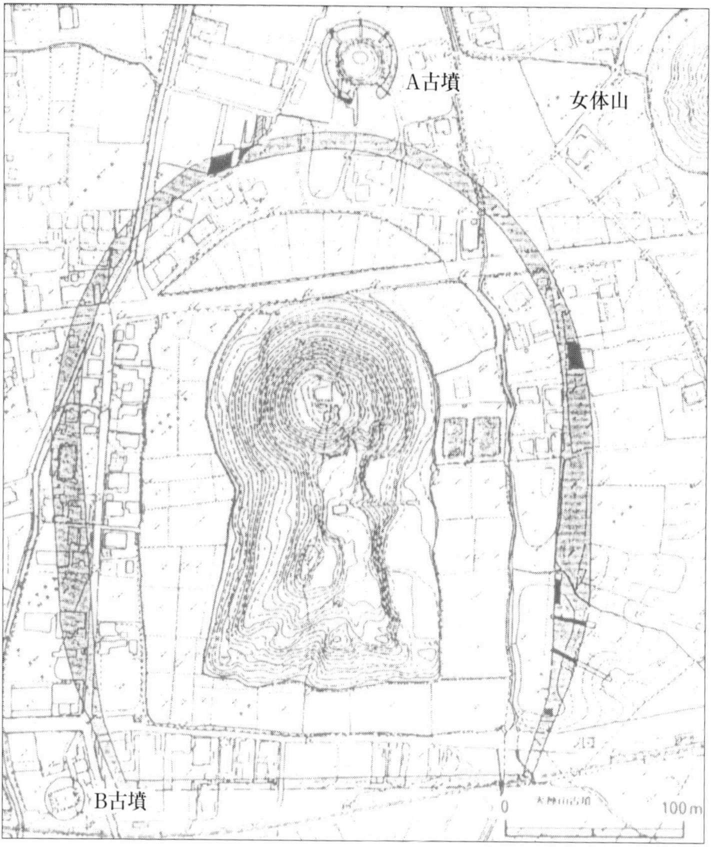

太田天神山古墳外堀推定図（『古墳への旅』より）

ていない。太田市教委では「陸橋部としてより、帆立貝式の造出し部と同様祭祀の場としての性格、ブリッジ付き円墳から一段階発展した帆立貝式古墳と同様に墓前祭祀を執り行なった空間」と考えている。

円筒埴輪、朝顔形円筒埴輪、形象埴輪や土師器などを出土のほか、拳～人頭大の熔結凝灰岩、縄文時代の石斧、9世紀後半の須恵器など時代差を超越した出土品があることは興味ふ

太田茶臼山

太田女体山

かい。

B古墳は前方部先端西、15×8m、高さ0.7mの矩形で墓地として利用され、調査は実施されていない。
その他、西北方の外濠外縁に3基の円墳跡があるが、これは後期の群集墳の一部であろう。（資料：太田市教育委員会）

伊勢崎・お富士山と同型の長持型石棺について、畿内との関係が深いことを指摘されているが、円筒埴輪の技法もお富士山と、すぐ側の女体山に共通するそうだ。

地元では女体山に対して男体山と呼ぶ伝承があり、両墳は①主軸線がほぼ一致する　②両墳とも同一平面企画で構成されたと推定できる　③円筒埴輪の焼成、整形と共通した様相を示しほとんど区別がつかない　④築造期がほぼ同じ頃と考えられる、などの点から首長と首長権を構成する要職の者が、一対になるよう設計築造されたものであろう。

古墳辞典に女体山古墳山古墳は「太田天神山古墳の陪冢として築造されたものと考える」と記されている。

■八幡塚

□群馬県群馬町

　1993年から整備調査が行なわれ、全体の造りや埴輪配列、巨大な舟型石棺などが逐次判明して来た。

　墳丘長96m、後期はじめ頃の築造で3段築成を葺石で覆い、推定6,000本もの多数の埴輪をめぐらせていた。まっこと壮観である。

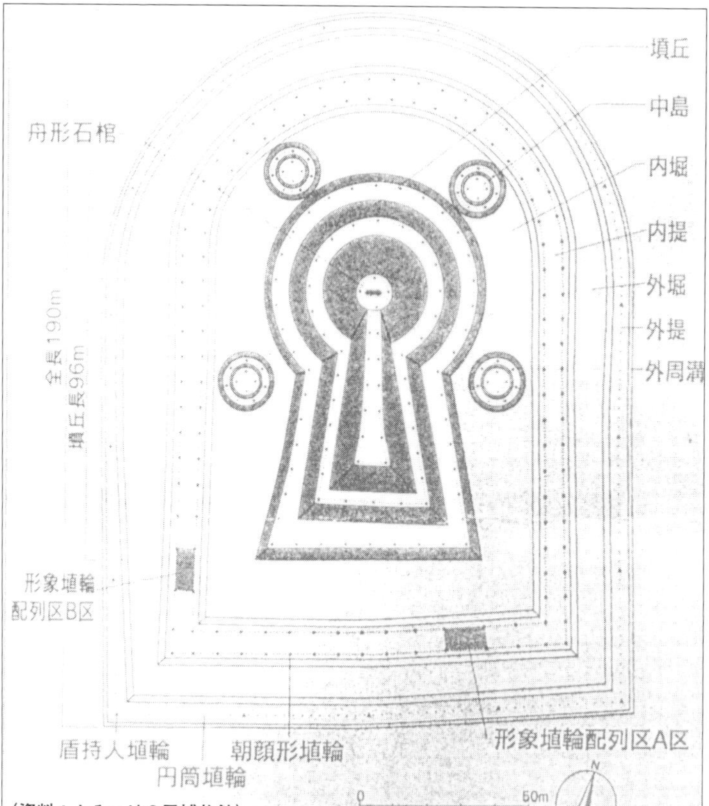

（資料：かみつけの里博物館）

二重の堀と一重の溝が巡り、内堀の内に径12m・4基の円形墳があり、1929年初調査当時の調査者は「陪冢」としていた。現在では陪冢の可能性もあるが、造出しの在地化（群馬町教委）したものとも考えられている。

神戸・五色塚の周濠内にも方墳がある。神戸市博物館学芸員は「造出し」とみているようだが、保渡田八幡塚は4基のうち2基から家形埴輪片がでている。

詳しいことはわからぬが、埴輪が築造時のものであれば「陪冢」と扱ってもよいだろう。

■不二山古墳（カチカチ山古墳）

□群馬県前橋市

「前方後円墳集成」を読み直し「不二山（カチカチ山）墳丘一部現存。北側周濠に接して陪冢1基（ボウボウ山古墳あり）」に気付いた。後期後半に属する。

巻末25,000分の1の図を点検すると、JR両毛線前橋駅から

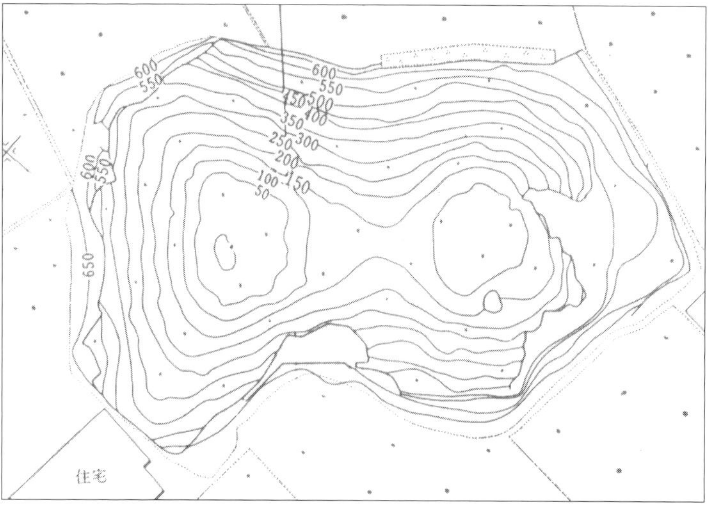

墳丘一部現存。北側周濠に接して陪冢1基（ボウボウ山古墳）あり。
前方後円墳集成

1km、こんな町のまん中に「一部現存し陪冢まであるのだろうか？」疑問を感じ前橋市教育委員会にお尋ねしたところ、同委員会・小嶋尚氏から電話で趣旨の確認をいただき、所在地図の送付にあずかった。

予想の通り町のまん中の住宅密集地、既に主墳も陪冢もともにその痕跡をとどめていない。破壊された古墳、被葬者の悲鳴が聞こえそうだ。先人の墓あとに建った住宅の住み心地はいかがなものだろうか。

■殿塚・姫塚

□千葉県芝山町

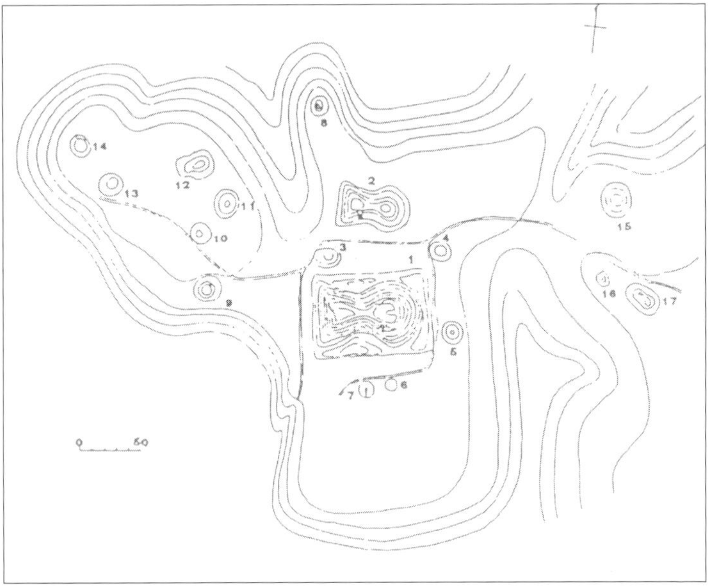

殿塚、姫塚周辺古墳分布図（『はにわ』より転載）

篠つく雨の中、ここと竜角寺古墳群を訪ねることができたのは、同期生薄田英明氏のお陰である。

佐倉に泊まり松尾までJRと決めたが、芝山を経て竜角寺古墳群→成田へ出る交通を調べる手段もなく、10余年前に東京から蓮沼村に居を移した彼を思い出し、マイカーで便宜を図ってもらった。いつでも、どこでも同期生の情は有難い。

1916年「山武郡郷土誌」で初めて世に知られ、1927年の「千葉県史蹟名勝天然記念物調査」では「殿塚、姫塚の周囲に20数個の陪冢がある」と記されている。

88mの殿塚、58mの姫塚、2基の前方後円墳がより添って並ぶ。後期後半の築造で、芝山はにわ館には共に築かれる想像図が掲示されている。ほぼ同時期と考えてよいだろう。両墳とも男女の人物埴輪、馬、鳥などの形象埴輪、円筒埴輪が並んでいた姿は、芝山はにわ館の展示がオーバーラップして美しい風景だ。

多数多彩な埴輪列を葬送儀礼とする説もあり、くびれ部附近に須恵器、土師器の坏、高杯など約30個が残されていたが、墓前祭に使用されたものと考えられている。

かつて20基と記された陪冢もその多くが削平され、その分布をみる限りでは両墳ともに陪冢を従えていた。

殿塚、姫塚の陪冢は

番号	墳形	容量(現存)			殿塚後円丘中心より各古墳中心までの距離	備考
		長径	短径	高		
1	前方後円					殿塚
2	前方後円				北　82m	姫塚
3	円	22m	18m	2.85m	北西　65m	発掘調査の結果は、内部施設のないものと認められる。
4	円	16.8m	16.5m	1.54m	北東　67m	すでに破壊されていて、今回の調査では得るところがなかった。
5	円	21.5m	20.4m	1.3m	東南東　56m	〃
6	円	14m	14m	0.8m	南　58m	〃
7	円	15m	15m	1m	南南西　62m	すでに石室が露出していた。
8	円	23.5m	21m	2.5m	北北西　160m	未調査
9	円	23.7m	22m	2.5m	西　150m	墳形は整っているが、発掘調査では得るところがなかった。
10	円	19.5m	17.4m	1.55m	西北西　167m	耕作のため破壊されている。
11	円	23m	22.5m	2m	北西　157m	〃
12	前方後円	33m	28m	2.5m	北西　185m	〃
13	円	20.5m	19m	1.55m	西北西　248m	〃
14	円	17m	16m	1.5m	西北西　285m	〃
15	円	27m	26.5m	3.5m	東北東　208m	未調査
16	円	11m	9m	1.5m	東　180m	耕作のため破壊されている。
17	前方後円	32.7m	22.5m	2.5m	東　215m	〃

（千葉県教育委員会）

陪冢3号墳

殿塚、姫塚を造る（芝山はにわ館）

7号墳は調査成果が報告されており、殿塚くびれ部の南約30m、開墾時に発見され現在も横穴式石室が露出しているそうだが、倒木、潅木に遮られ、豪雨の中で傘を持ちながらでは、石室に近づくことができずにおわった。残念だった。

3号は確認できたが他は痕跡も確かめることは出来なかった。痕跡も残さず破壊されたためであろう。

■飯篭塚《いごづか》

□千葉県君津市

君津市発行『君津市全図其ノ二』を使用

千葉県は全国的にみても屈指の前方後円墳の所在地である。中・小型だがともかく数が多い。房総半島の中ほど、東京湾に注ぐ小櫃川の両側にも古墳が密集している。

飯篭塚は蛇行する川にせり出した舌状丘陵の緩斜面に、前期の末ごろに築造された墳長102mの前方後円墳である。
(資料：君津市文化財センター)

後円部周堀南側に接して5号墳、丘陵上位の斜面に円墳3基（1～3号墳）が近接し、更に東裾段丘上に2基（6～7号墳）があり、7基で岩出古墳群を形成しているが、1～3、5号は立地

飯篭塚古墳築造企画推定図

状況から飯篭塚との関連がより強い古墳と推測される。

5号墳は径13m、高2m、周堤の外側に接して構築され、周堤がこの円墳を避けるように湾曲している。円墳築造時に周堤を造り替えた可能性も考えられるらしい。

もうひとつ興味をひかれるのは、築造の道程で後円部の中心点を移動、左右非対称の墳丘形態を形成していることで、工法上の理由と、平野部からの墳丘外観をより壮大に見せるという意識的な設計目的があったと考えられる。先人の知恵である。

中心線が偏った大型墳の例も少なくないが、前期古墳の段階において、既に墳丘が大きく見える視覚的効果を狙う設計が全国に亘ってなされていた。いま我々が考える以上に進んだ土木工学の知識には驚かされる。

■舟塚山古墳

□茨城県石岡市

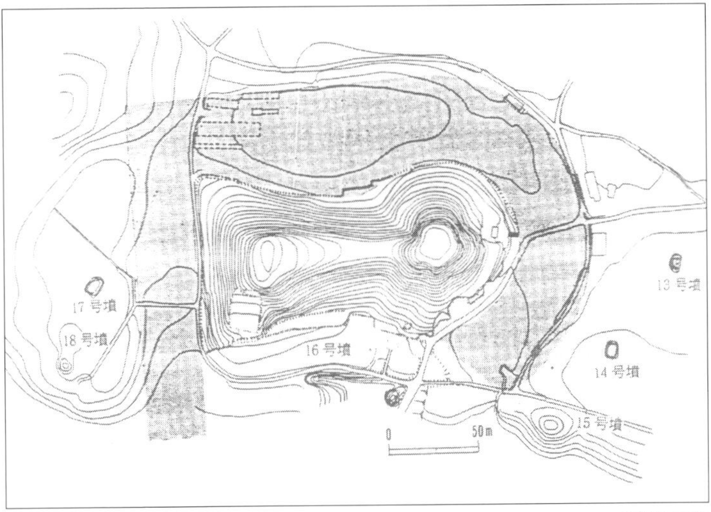

舟塚山古墳

2000年9月、早朝の東京駅にバスで着き、朝食もそこそこに上野へ急いだ。07：02に乗り舟塚山を見学後すぐ引き返さねば、14：00から上野で予定の会合に間に合わぬ。

JR高浜駅から約1km、墳丘長186m、5世紀後半の築造で東国第2位の大きさだが、後円部高11m、前方部高10m、何故か墳丘全体が低く見え威圧感をうけない。墳丘の全容を見渡せるため長さと高さの比較からそう受け取ったかも知れない。

主墳周辺のいくつかの円墳は、その陪冢と考えられており、13号・17号は周濠周堤上にあって木棺が、また14号からは石棺が発見されている。

13号・17号の北側にもそれぞれ1基ずつあって主墳の前後に一列に並んでいたそうだ。

後円部より　14号

主墳に近接する現在の4基の小円墳は陪冢と考えてよいだろうが、確認できたのは10、11、12、14号だけであった。

石岡市教育委員会「石岡市の遺跡」から抜粋すると

13号＝東100m、直径15m、高さ3mの円墳
14号＝直径15m、高さ3mの円墳。13号と並列し箱式石棺が露出（？）。石製模造品出土。
15号＝14号の南100m、13号と並列し直径20m、高さ1.5mの円墳。
17号＝短甲、直刀、盾が発見され副葬品埋葬の陪冢のようであった。
18号＝同じく陪冢と考えられる。

かつては鬱蒼と木が生い茂っていたが、幸い松くい虫の被害で多くの松が立ち枯れ、市の努力によって墳丘がきれいに

フレームいっぱいに広がる舟塚山

（きれいすぎるほどに）整備され全容が観察できる。
　近くの畑で落花生を収穫していた。落花生ってこんな状態で実がなっているのか、初めてみた。これもひとつの収穫だった。
　千葉の在住者に聞くと、蒸した落花生って、酒の肴にいいそうだ。

■名取雷神山

□宮城県名取市

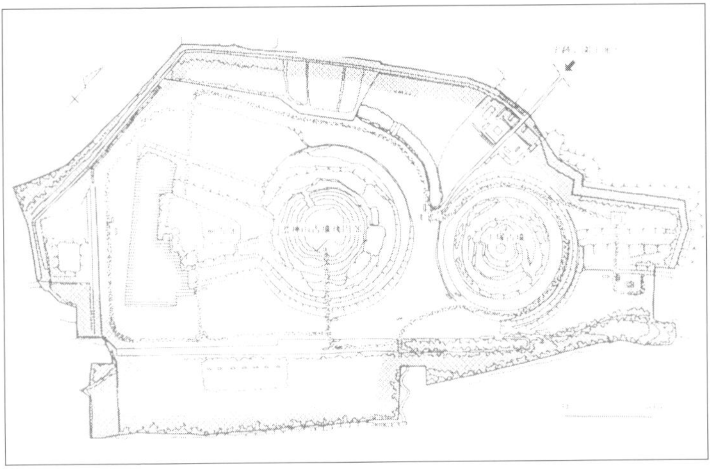

名取雷神山古墳　名取市教育委員会

　4世紀末から5世紀前半に東北地方で最大というより前期に限れば東日本でも最も長大な墳丘で、全長168mの巨大墳を築く勢力が既にヤマトから遠くはなれた地に存在していた。ヤマト王権の権力がここまで及んでおり、このような大きい陪冢を伴うとは驚きである。

その陪冢・小塚古墳も径50mもあり、陪冢を随える古墳としてはもっとも北に位置しているだろう。

主体部は未調査。茨城・石舟山と同じように前方部高が墳長に比して低い、と感じる。東国の古墳にみられる特長だろうか、もう少し調べる必要がありそうだ。

■小森山古墳群

□山形県川西町

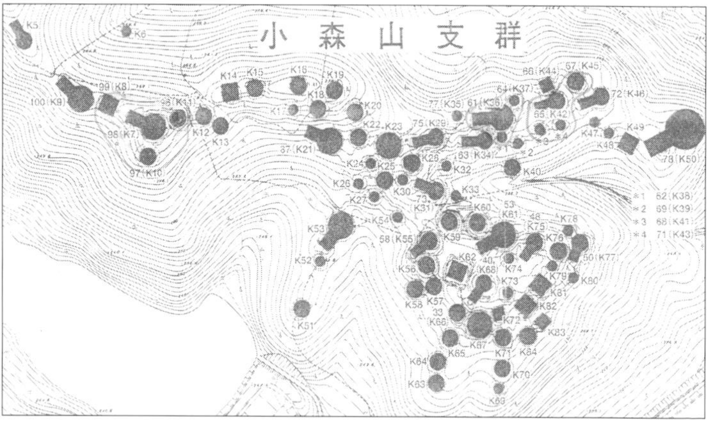

21世紀の便利な現在でもなお、関西に住む者にとって東北・山形県は随分遠い所で、山形県といえば桜んぼ、紅ばな、鳥海山、蔵王、月山、最上川、天童の駒、山寺くらいしか連想できない。知識の貧困の故だろうが、川西町という地名も、そこが「埋蔵文化財とダリアの町」とは全く知る由もなかった。

1500年もの古は想像も絶する遠国であっただろうが、ヤマトの影響が強く残り、この町の遺跡から北陸系土器が出土する。日本海沿いの文化伝播であろう。

その川西町の下小松古墳群を構成する3支群は、それぞれ前方後円墳、方墳、円墳を含めて約178基を数えるが、実数はもっと多いだろう。

そしてその何れもが、主墳と陪家の関係であるようにも見える。

小森山支群の98号（K7号）に対しK10号（円墳）、K11号(円墳)、K8号（方墳）は陪家と認められるが、65号（K42号)、61号（K36号）に近接する円墳は陪家とは認められない（川西町教育委員会)。61号（K36号）北東の円墳K37号からは刀子が検出されている。

これだけの群集墳は機会があれば訪ねてみたい興味を誘ってくれる。

■陪塚のルールはない？

陪家を随えると考えた古墳（群）約80基の位置関係を調べているうちに、これが本当に陪家なのか？　と疑問が更に深まってきた。

前方後円墳は基本的に共通する設計で築かれているため、陪家の配置、築成にも当然ながら何らかの基準がある、と考えていた。

そして前方後円墳で最も重要な個所は埋葬施設のある後円部である。その後円部の主埋葬施設が設けられる中心を基点として主軸線を0°～180°とした場合、陪家は幾度の方向に多く存在するだろう、その距離はと15～20基計るうち、この試みが全く意味のないことが判った。

主墳は地形を最大限に活用して築造するが、周辺の地形、条件は当然のことながらすべて同一の個所はない。主軸線が

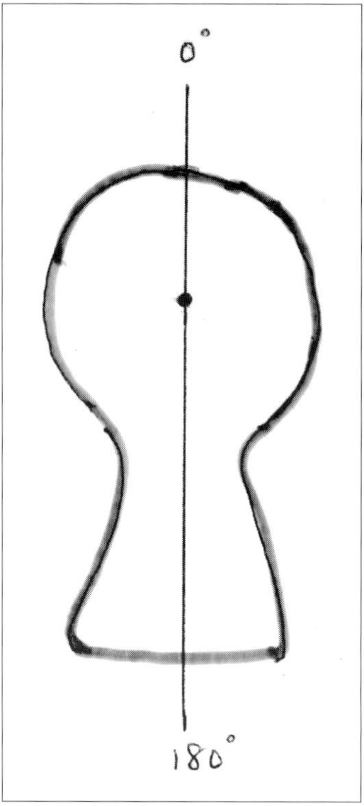

同じような角度の古墳もその例は少ない。陪冢の位置が違ってくるのは当然のことになる。

計っているうち、それに気付くような有様だった。

そしてまた石川昇氏は「大仙陵陪冢の型式種類による身分的差」を発表した。しかしその根拠は明らかにしていない。

誉田山：男狭穂、上石津ミサンザイ：女狭穂塚、あるいは仲津山、椿井大塚山、浦間茶臼山など設計の類似・関連を挙げる例は多いが、それぞれの陪冢については、全く関連性が認められない。

陪冢を造るか否かは首長また継承者の判断であって、それの位置、規模、埋葬施設、副葬品などは、地形、所蔵品、権力の構成、構造によって個人、集団が恣意的に決めていたのではないか、と思うようになってきた。

しかしそれが正鵠を得ているか否かは、今後もっとつきとめたい、と考える。

それとあと数基、陪冢を伴う、と信じる古墳もあったが、自分で確かめることも出来ず、照会しても回答を頂くことが出来ない事例も2〜3にとどまらない。

何らかの機関、肩書きがあれば回答いただけたと思うが、市井の一市民では歯牙にもかけられぬ、仕方ない。こんご日をかけて調べたい、と思う。

そして蛇足をひとつ加える。

自分の目で確かめ足を踏み入れた個所はそれなりに書けるが、それ以外は資料・文献に頼ることになる。

資料をあれこれ調べているうち、A大家とB泰斗の記述内容が酷似、時には形容の字句まで同一のことがある、と気付いた。権威者といえども、すべて現地まで足を運ぶことはできない。同じ資料に頼ることも多いのだろう。

出来る限り現地を訪れて自分の目で確かめたい、と考える。

第8章
古墳私考・私疑

■ほのぼの佐賀

1984年秋の2日間、佐賀の古墳を巡ったが、殺伐な都会では味わえぬ温かい思いにつつまれた。

渕の上古墳への道を尋ねた農家では「このぬかるみで、その靴では無理だよ」と快くゴム長を貸して下さった。「ついて来んな」と軽自動車で横田下古墳まで誘導してくれた農作業の方、孫の手を引きながら外園古墳の見える処まで畦道を案内してくれたおばあさん。45年振りに耳にした佐賀弁の強い訛りも心地よく耳に響いた。

前もってお願いしていたため、気軽く田代古墳まで車を走らせてくれた教育委員会のお方。絶えて久しい人情にふれた思いを「佐賀のみなさん有難う」と佐賀新聞に投稿しお礼の気持を表した。

残念なこともあった。①谷口古墳が修復中で、スッポリ覆われたブルーシートの隙間から、合掌式天井が極く一部しか見ることができなかった。　②は折角の厚意で案内いただいた田代古墳の錠が湿気のため錆びついて開扉できず、硝子越しの観察に終わった。が、あの鮮やか、衝撃的な色はしっかり網膜に焼きつけた。

ここ田代とチブサン（熊本）、日の岡（福岡）、虎塚（茨城）、そして竹原。また飯塚市立博物館の王塚レプリカには言葉を失ってみとれるばかりだった。その③は、このころ既に発掘調査が進み、地元では知られていた「吉野ヶ里」の存在を知らず鳥栖、基山への道を急いだ。

佐原真氏が手なれたマスコミ発表で、一挙にその存在が全国に知れ渡ったが、某洋酒メーカーの工場誘致不成功が幸いしたようだ。地元では「ヨシノガイ」と呼び、「カメ棺は腕白小僧にとって格好の遊び場だった」と聞いている。

物見櫓、木柵が出来たあと再度訪れ、有柄式銅剣を模したネクタイ止めを買い求めた。いまも大切なコレクションのひとつである。

「邪馬台国は物見櫓から見えるところにあった」。調査担当者の言葉が極めて強く残る。

■太田天神山

友に恵まれた幸を感じる。群馬の古墳は再度訪れたがともに（旧軍隊時代、幹部候補生教育の）同期生の好意で念願がかなった。

巻川善八氏には1980年代の半ばころ、JR熊谷駅に出迎えてもらった。1945年5月は既に敗色濃厚、米軍の本土上陸を迎え撃つ「本土決戦要員」に抽出され転属した彼と40年振りの再会だった。

利根川を越えて太田に向かったが、予想以上整った道路に驚いた。「福田と中曽根が居るからナァ」が共通の思いだった。太田の中島飛行機で完成した戦闘機を一旦バラして牛車で運んだと、馬鹿みたいな話も聞いた憶えがある。かつてはそんな道だった。

東国随一、墳長210m、中期前半に築かれた太田天神山の偉容には正直圧倒された。造山、作山に次いで墳頂に立つことのできる数少ない巨大古墳の一つで、16.5mの高さの盛土を二度三度登り下りしてその大きさも実感し、後円部斜面に残る石棺片も確認したが、この石棺に問題がある。

地元の石材で製作した石棺だが、御富士山とともに畿内出土の石棺と共通しており、山岸良二、白石太一郎、橋本博文氏など第一線の研究者が「上毛野の王の死に際し、畿内から長持型石棺の専門家が派遣された。畿内の大王と地方長官の親密な関係」を説いている。

なるほど石棺のサイズは畿内産と極めて近い数値を示しているが、大和と同盟関係にあった有力大王の死に際し、石工の派遣だけで「お茶を濁す」ようなことがあるんだろうか。

上毛地域で太田天神山に先行する大型古墳は次のようである。

年代		総長	墳長	後円部径	後円部高	前方部幅	前方部長	前方部高	くびれ部	
前期	藤木観音塚	210	116	11.5	51	53	5	18		前方後方墳
前期末	矢場薬師塚	80	50	25	30					
前期末	別所茶臼山	164.5	11.8	7.3						
	朝子山	123	62	11.8	48		6.8	31		
中期初	女体山	106	84	7	18	16	1			帆立貝式
〃	御富士山	125	77	9.5	24	75	58	5.6		
後期	中太田鶴山	104		54	8	54	3.5			
中期前	太田天神山	320	210	120	16.5	75	58	11.7	56	

太田天神山が先行する近辺古墳に比して、断トツに巨大なことは明らかである。

そして、すぐ側の女体山も陪冢とする見解は194ページに前述したように古墳辞典の明記があり、同時期に着工している。帆立貝式であるが後円部径84m、高さ7mを計るこれまた巨大古墳である。

太田市の西、現在の高崎、前橋の前橋天神山、前橋八幡山、浅間山、大鶴巻などに比しても数倍の労力を要し、新しい技術でなければ築造できなかったことは明らかである。

当然「石棺を造る石工」がノミを持ってノコノコやって来ただけでなく、巨大古墳を造るノウハウを持った技術者集団がやって来て、従来に数倍する巨大な太田天神山築造に直接かかわった。その中には石工も含まれており、畿内と共通する石棺を造り王者への餞とした、と理解するのが道理と思う。

錚々たる学者、論客が「石工が招来された」と短絡に説くのは理解しがたいことである。

■上毛の古墳

2000年春、上京したおり1日だけ余裕がとれた。関西育ちにとって関東、特に北関東は極めて地理が分かりにくいが、高崎には新幹線で簡単に行けそうだ。

JR駅から浅間山、大鶴巻、七輿山など往復30km圏で、自転車があれば行ける。一旦はそう決めたが結局ここでも同期生・相場伊勢男氏のお世話になり、車で案内して頂いた。

八幡観音塚、浅間山、大鶴巻のほか数基を巡ったが墳丘に立って「オヤッ」と少しばかり奇異に感じることがあった。

基本的に前期前方後円墳の後円部は前方部に比して高く、中期には前方部が高まり後期に至って後、前高が逆転する。

同じく前方部の幅は後円部径より広くなる、と築造計画の変化がある、とされている。

亡き首長を後円部中心に祀り、前方部で遺靈を仰いで首長権継承儀礼を執り行なったものが年を経て同じ高さの位置をとり、ついには新首長の権力を誇示するため「先代を越える位置、先代よご照覧あれ！」と高い位置で儀式が行なわれるように至った、と変遷の理由を推理しているが、上毛の古墳後円部に立って「前方部が極めて低い」と感じとれた。

後円部に立つと、自分の目までの1.5mが加わるため後円部高と前方部低の差が大きく感じる、そのせいかも知れないが、数基を表にすると

		後円部高	前方部高	後前差
前期	前橋八幡山	12m	8m	－4m
	前橋天神山	9m	7m	－2m
前/末～中/初	浅間山	14.1m	5.5m	－8.6m
	大鶴巻	10.5m	6.5m	－4m
後期	小鶴巻	6m	2.5m	－3.5m
	前橋二子山	11m	9.5m	－1.5m
	七輿山	18.6m	16.8m	－1.8m

太田附近の古墳も後期になると後前高差は縮まるが同様の傾向を示している。上毛地方の特長でもあろうか。

畿内、他地域の古墳も同じ傾向があるかも知れないが、大型墳の殆どは立入ができず、仮に立入可でも樹々が繁茂して見通すことはできない。

その日は数時間で大古墳数基に登ったため、そのように感じとった錯誤かも知れない。

■七輿山《ななこしやま》古墳

上毛の古墳、七輿山は後期前半に築かれ墳長143m、後円部高18.6m、一部三重にもなる楯形円濠を備えた堂々とした姿、桜の名所でもあるが、「ヘェー、まっことこりゃなんじゃ」と見入ったものがある。

後円部下段にズラリッと10数列に並んだ石のお地蔵さんのすべてに首がない。大は50cm、小は20cmくらい、30〜40cmクラスが主力だが見事に「首切られ地蔵群」でその犯行は可成り古い時期と思えた。陰惨な感じはなく、むしろ滑稽な感じを与えてくれる。

後円部頂に残る宝篋印塔銘文では、文化5年に五百羅漢が造られたことが記されている。文化5年は1808年に当たり、その10年前には本居宣長が〈古事記伝〉を著し、その翌年には十返舎一九が〈東海道中膝栗毛〉を残している。

早速、藤岡市教育委員会に問い合わせ田野倉氏から「市史(1994年)」のコピーを頂戴できた。

11列に石造五百羅漢446躰、大地蔵6躰を数えるが、首の無くなった理由はいくつか伝わる。その1つは、出征した兵士の武運を祈るため、家人が五百羅漢の首を取ってきて、床の間などに飾ると、無事帰還できる、といういい伝え。

2. また昔、バクチが盛んな頃、バクチ打ちが五百羅漢の首を持っていると勝負に勝てる、という迷信に由来する説。

そして明治維新の時の廃仏毀釈の運動が起こったおり、その気運に乗って五百羅漢の首を欠いて捨てた、という話もある。

また、戦前、青年の夜遊びが盛んだった頃、遊び心でいたずらをした、との言い伝えもあるそうだが、バクチ打ちの迷信によるものではなかろうか、ごもっともと思う。

あまり広くもない藤岡市に1198基の古墳がある（藤岡市郷土資料館）とは驚いたことのひとつであった。

■ホケノ山・西殿塚

ホケノ山に追葬された横穴式石室、石棺

2000年3月、箸墓に近いホケノ山古墳の発掘調査の結果が発表された。

「邪馬台国やはり畿内」「邪馬台国畿内説強まる」「最古の前方後円墳か、邪馬台国大和説を補強」と邪馬台国を畿内にもってくるオーバーヒート文字が新聞紙上に踊っている。

全長83mのホケノ山が3世紀中ごろに造られたとみられ、埋葬施設が確認され、卑弥呼の時代に前方後円墳が奈良盆地東南部に発生したことを示す発見、と評価したわけである。

短絡的に卑弥呼・邪馬台国を結びつける発想は必ずしもよい傾向とは思われない。邪馬台国との関連は、ヤマト政権とどのようにつながるか解明せねば言い得ないことだ。

そして畿内説を信じる（その方向に報道を仕掛ける）人たちは、重要な事実については殆ど目を覆っている。

ホケノ山には全く新しい発見として、石室に前例のない木槨構造をもっていた。

これは倭人伝にいう「棺ありて槨なし」と全く相違するが、殆ど報じられなかった。

それより300年あとと思える横穴式石室が、追葬施設として造られていたことが初めて目にした驚きであった。

墳丘を掘りこんで長い羨道を掘り、側壁の石を運びつみあげている。墳丘を掘り起こしたことは明らかである。

横穴式石室は後期に半島から伝播した「追葬が可能」な構造であって、後円部に複数石棺、そして前方部に埋葬施設を設ける例は室大墓はじめ文献上でもその例は少なくないが、数百年も隔てて追葬した例を初めて目のあたりにした。

主墳の主と追葬された者の間には、何らかの伝承、つながりがあっただろう。

ともかく興味のある事実であった。

ホケノ山からも遠くない西殿塚は前期の築造にかかわらず、継体天皇の妃、手白香媛陵として宮内庁が指定管理している。

陵の築造時期と伝承上の手白香媛との間には200年ほどの差があり不合理と指摘されていたが、宮内庁は「追葬の可能性がある」として明治期の指定をそのまま継承し、一般の立入は全く認めていなかった。が、ホケノ山で3世紀末築造古墳に6世紀代の石室が造られていた。追葬は書物上で知っていたが、その事実を目にしたのは初のことで驚きだった。

西殿塚についても、別に宮内庁の「肩をもつ」わけではないが、ここにもそんなことがあるかも知れない。

知れない、と思う程度で宮内庁がかたくなに研究を拒否しつづけることは、時代錯誤もはなはだしい。

日本人が共有する歴史、祖先の歩みを明らかにするため、石部正志氏※のみでなく日本の歴史の事実を明らかにするため、宮内庁は国民的国家的視野に立つべきだろう。

※石野正志「天皇陵を発掘せよ」「続天皇陵を発掘せよ」三一書房

■愚論？

愚とはオロカ、バカ、才知に乏しくオロカなること。禺は猴の一種にて最もオロカなる獣なれば禺と心を合わせて其義とす（大字典）。猴とはサルのことで、要するに最もオロカ、畜生なみのオロカさ、愚論とはオロカ、つまらん所論ということになる。

2000年11月から翌年7月にかけて、全国5カ所で「大古墳展・ヤマト王権と古墳の鏡」が巡回開催されている。

京都大学と橿原考古学研究所が初めて共同開催に至ったもので、椿井大塚山と黒塚で発見された問題の三角縁神獣鏡など、その所蔵品の公開は各地とも関心興味をもつ人にとっては魅力に富んだ企画である。

ところでその図録巻頭に載った樋口隆康橿考研所長の「ヤマト王権の鏡」の数行に目を通した途端、エッ「愚論」の2文字が目に飛び込み驚きを通り越した。その一文を揚げると

『邪馬台国問題で、最も注目される考古資料が鏡であることは広く知られている。卑弥呼の遣使が魏王から賜った銅鏡百面が、三角縁神獣鏡ではないかということが中心の課題であった。しかし、三角縁神獣鏡だけを見ていたのでは、この問題は解けない。例えば卑弥呼がもらった鏡は百面なのに、三角縁神獣鏡は五百面も出ているから、卑弥呼の鏡ではないと云った愚論が出てくるのである。日本の古鏡の全体観の中で三角縁神獣鏡を見究めないと、この鏡の実像は解らないのである。』

三角縁神獣鏡国産説を「愚論」の2文字で切って捨てている。

意見の異なる説を「愚論」と極言しているが、いかに大家と雖もそれでいいんだろうか。

森浩一氏が「三角縁神獣鏡が中国で一面も出土しない」ことを指摘して以来、同調が増えている。

1981年9月、中国社会科学院考古研究所、王仲殊副所長の「卑弥呼の鏡は日本製、呉の工人が日本国内で造ったもので、魏の賜り物でない」と論文要旨が発表され、大きな話題、波紋を呼び起こした。

当時、小林行雄氏は存命中で、京大文学部教授であった樋口隆康氏は同年11月16日の産経新聞に

その説は古田武彦説にもあった。鋳銅技術だけでは作れない。日本の銅鏡には技術革新がない。とし、中国では未発見。中国人が日本で作った。中国で日本向け輸出品として作ったは何れも仮説で実証的な根拠はない、と自説も仮説のひとつにしている。

誠に正論で、挙げた三点は未だに仮説の域を出ていない。

それから3年経た1984年3月「日中古代シンポジウム」で王氏は更に自説を展開させ、魏が下賜した鏡は「後漢式鏡」との見解を出し、「卑弥呼の鏡は三角縁神獣鏡でない」と明言した。

一方の樋口氏も機会ある毎に積極的に自説を補強展開している。福知山で発見された「景初四年銘」鏡について1987年6月10日付の新聞で「景初四年鏡はやはり中国製、魏で作られ卑弥呼にプレゼントされた」と断言している。

その後、重ねて1992年、椿井大塚山鏡が山崎一雄・名古屋大学名誉教授の分析によって、中国産銅の可能性が強まったことをうけて、「中国では出土例がない、といっても魏の遺跡の発掘例がほとんどない。中国産の鉱石が使われているなら中国で製作したと考えるのが常識的」とコメント発表してい

る（1992.4.2.　読売新聞）が、しかし「中国産銅だから製品も中国製」と短絡単純に決めつけてよいものだろうか、我田引水の強引さが目立つ。

銅鐸に中国産、朝鮮半島産出銅が使用されていることは、既に多くの方々が明らかにしている。弥生時代に日本国内では銅を自産しなかった。中国・半島から運ばれた銅を銅鐸に使用している。といって中国産の銅で作られた銅鐸は中国産、朝鮮半島産とする人はいない。中国産銅で作った銅鐸は国内産、しかし銅鏡は中国製、とするのは理路が整然としない。

福井県今立町出土の仿製家屋人物獣文鏡（4世紀中葉）と三角縁神獣鏡が銅同位体測定法で成分が一致していることを、東京国立文化財研究所化学研究室長・馬渕久夫氏が明らかにしている。

当時既に中国から青銅の材料が大量に輸入されていたらしく、中国からの材料を使い、日本で工人が作るというルールが確立していたようだ。中国産銅の製品は、中国で造ったとは言い得ない。

樋口氏が「愚論」ときめつけた「三角縁神獣鏡国内産」と考える研究者は、氏が所長をつとめる橿原考古学研究所内にも、また氏が委員長の大和古墳群学術調査委員会のメンバーにも居る。極めて真摯な研究者達だ。

同図録68ページ「卑弥呼の鏡」論争として「……中国製説、日本製説とも決定的論拠がいまのところない。『卑弥呼の鏡』は三角縁神獣鏡かそれとも他の種類の鏡か、論争の決着はまだまだ先のことになりそうだ」と当を得た説明があるだけに、樋口氏の突出ぶりが気になる。

氏の説もひとつの仮設であることはご自身認めておられる。

一般社会であれば、トップの方針と相違する部下の意見に対しては、話し合って教育しその方向に副うよう指導するが、自分が長をつとめる研究者の一致もできず、自分の意見に(それも自ら仮設と認めた説)に反するものを「愚論」と決めつけ公に発表している。到底一般社会では考えられない。

かつての昔、皇国日本では論敵に「黙れ」と怒鳴った人もいる。相手を「国賊」とののしった歴史も氏が少年時代を過ごした我が国の歴史に残っている。

あるいは考古学の学界内部とは、そんな分野・環境なのか？　狭い師弟関係だけの世界なんだろうか？

名声ならぶ者もない氏に対し、一市井のアマが異を唱える「身の程知らず」の叱声を覚悟して記した。

研究者に聞いたところでは、考古学界は、押しの強い者、カリスマ的な人物の言葉がよく通るそうだ。それに一つつけ加えればマスコミ操作のうまい人、マスコミうけのよい人が加わるだろう。これは特別考古学界だけに限ったことではないが、特にその傾向が強いそうだ。

■年代差

陪冢の設けられる位置に一定の法則、規定が見出し難く、地形の制約によってその位置が定まる例が多いようだ。

また発掘調査の例は数多くないものの、その中に出土品から「1世代或いは2世代また半世紀以上の」年代差があるため陪冢とは認め難い、とする例も少なくない。ごく狭い地区内でありながら数十年の差で「陪冢でない」と決めつけていいものだろうか。

軍隊時代のつながりの深い方々の葬儀、墓参、戦後に抑留されたモスクワ南東500kmの辺地へ夜行列車と車を乗り継いだ単独墓参も終え、南大東島で戦死したO氏の墓参が残っていた。

秩父出身の彼から初ビンタをもらったが将来第一線小隊長として戦線に立つときは、第1分隊長にしたいような実直な男だった。

南大東島への交通アクセス、当時の部隊陣地を調べているうちに、ご遺族、墓地が出身地秩父にあることが判り、2000年5月、同期・高田正一氏が池袋からの往復を「まかしとけ」との好意に甘え墓参を果たした。

数年前に山奥から皆野町内に移された墓は4㎡ほどの中央に先祖代々の墓、その右奥に小ぶりな「故陸軍軍曹O氏」の墓石が建っていた。

先祖代々の墓とすぐ傍らに建ったO氏の墓は数十年の時代差はあるが、明らかに先祖墓に伴随し、遺族が先祖を意識して限られた墓域内に納めた一門の墓である。

強い武力をもって四囲近隣を統治した先代、先々代を偲び、2世代あるいは3世代の子孫が墓域内に墓を築くことはあり得るだろう。

なかには埋葬施設をもたず副葬品だけを埋納する陪冢もあるが、年代差があるとしても同族の埋葬施設も陪冢に加えてもいいのではないのか？　むしろそう見なしてよいだろう。帰路、新幹線車中で考えたことである。

その墓所は「荒川の玉石を持ち送りの技法で築いた」皆野大塚から5～600mほどの地だった。

後期に属する円墳だが、現代でも畿内から遠い——そんな地に専門グループが招かれていた。或いは命じられたものだろうか。そしてその条件はどのようになっていたんだろう。

■労務管理

古墳を造る労働力、即ち各地から徴発した工人を働かせるため、往古でも労務管理には気を配ったことと思う。酷使ばかりでは労働能力、意欲は低下する。

昭和10年代（1920～30年）当時でも、労働者の休みは毎月1、15日の月2日が決まりだった。就労時間は朝から日没まで、おそらくこのようなペースだったろう。

スターリン・ソ連は抑留日本人の人間存在そのものを否定し、すべての面で家畜にも劣る扱いで日本人の死は、彼等にとって日常茶飯事に過ぎなかった。不当、不法の中で労働能率の上がるハズがない。

人間性を否定した日本軍隊ですら、年に幾度か酒の加給される日もあり、外出許可日には「突撃一番（コンドーム）」を支給された。禁欲を強いられた掟の中でもいわゆる軍慰安所は、今日生きていることを確認できるひとときの場であった。

従軍慰安婦を是認するものでない。すべてを抑圧し明日の生命を保証しない日本軍隊が生んだ罪悪の一面であったが、兵にとっては「今日の命を長らえた証」であった。

性の売買は人類最古の商行為といわれる。屈強の男たちを働かせるため、当時の権力者も労務管理の一つの手段に、何らかの配慮をしたかも知れない。

中国東北部、ロシア国境に近い地で、巡察のおり目撃した「慰安婦のいる家の前に列をなしていた兵たち」の動物的な姿が思い起こされる。再び見たくない風景であった。

さらに人里遠い興安嶺の山中、どこまでも続くお花畑が夜は一転、群狼が咆哮する天国と地獄が背中合わせの果てにも、その種の施設女性が居た。

その地域に立ち入ることが許されぬ者は、外出時に腹いっぱい喰うこと、胃袋を満足させることだけが楽しみだった。

古墳築造の組織を考えているうち、労務管理にどのような処理したかを併せて考えた。

■相島積石塚古墳群

古墳を巡っていればそのうち、古墳が何かを語ってくれるだろう、と見続けるうち心に残る古墳にも巡りあえた。

横瀬※、日ノ岡※、竹原※、相島古墳群、造山、雲部車塚、誉田山、箸墓※、黒塚、虎塚※などが特に印象強い。

相島積石塚古墳群以外は既によく知られている。相島についての資料を捜したが全くみつからず、予備知識も浅いまま訪れたため疑問が一層深まった。

古墳群ほぼ中央部の182号墳。93、94号が続き、93号の右184号のすぐ向こうには群青の海が見える。

福岡市の北の境を接する新宮町の町営連絡船で相島へ約20分。小さな港から東へ2kmほど、低い峠を越え視界が広がると、宗像に向いた海岸線に沿い突如異様な「石のむれ」が、夏の日差しに照り返されていた。

幅30〜40mと細長く帯状に、散乱した状態の石ばかりが約600mも続く。石清尾山（香川）大室、安坂将軍塚（長野）など過去に訪れた積石塚の観念から全くかけはなれた風景だった。

海岸の石ばかりではなさそうだ。大小様々の石を伝い、飛び越して南から北へ、折り返し南端まで辿ったが全てが白日の下にその姿をさらけ出し、石室、主体部をあらわにしたものが多い。大小が余りにも密集し、個々の境界も見きわめがつかない。

いつ、誰が、どこから積石塚の習慣を採り入れたのだろう。これだけの石が島内で調達できたのだろうか。そんなことを考えながら石の群れを伝っていた。

朝鮮通信使客官跡も残り、また元寇の役で蒙古兵の水死体も多数漂着したと聞いたが、関わり合いはないだろう。

関係書物を捜したが見当たらず、町教育委員会から町誌の数ページのコピーをいただいた。

県と町の合同調査で40基を越える大規模石塚であることが分かり、1994年に161基、さらに1995年には210基と数が増え、発見の順に一連番号がついている。

円墳、方墳がほぼ半分、主体部も竪穴系石室、箱式石室、横穴式石室、規模も径1m〜15m、また全く墳丘をもたぬものetc.、極めてバラエティに富み、発掘された鉄刀、朝鮮半島南部系須恵器その他土器から築造は5世紀前半から始まっていた、と考えられるが鎌倉時代の25基の集合墓、江戸時代の墓石7基も含まれている。極めて長期間営まれたらしい。

全てが早い時期に発掘されているため、墳丘の形状の分からぬ数も少なくない。

小さな離れ島に200基を越える古墳を造ったのは誰だろう。相島にはこれだけの古墳を造り続ける集落が存在したとは考えられぬようだ。

阿曇族、住吉族、宗像族の三海人族のうち地理的には阿曇族の勢力範囲であるが、宗像族の勢力範囲とも考えられる。だが宗像には宮地嶽神社古墳をはじめ大型墳も多い。宗像地方を監視しつづける阿曇族の勢力誇示だったのか？　いくつかの考え方があるが、相島付近を生活基盤とした海人の墓を相島の人々が築造した、とみるのが妥当のようだ。

渚に近くベルト状に600mもつづく石の群れは全く異様、疑問が湧く類例のない積石塚群集墳だった。

横瀬＝鹿児島県曽於郡大崎町、最南端に属する前方後円墳、墳長129m、6世紀の築造、水田に映す姿が美しい。

日ノ岡＝福岡県浮羽郡吉井町、全長80mの前方後円墳。奥壁、側壁、袖石、天井石に赤・緑・白色で、同心円文、三角文、蕨手文、盾、刀、船、魚が色鮮やかに描かれている。6世紀前半の装飾古墳。

竹原＝福岡県鞍手郡若宮町、前室にも壁画があるが特に後室奥壁の左右にさしばを配し、下段に波状文、中央部に人物、馬、船、連続三角文、上部に舟、馬に似た怪獣、また玄武、朱雀などが赤、黒の顔料で描かれ、高句麗壁画との関連性が指摘されている。6世紀後半の築造。

箸墓＝奈良県桜井市、いわゆるヤマト政権の地にあり、墳長275mは第11位にランクされ、3世紀末に初めて出現した大型前方後円墳。ヤマトトトヒモモソ姫の墓とされるが、邪馬台国卑弥呼の墓、とする説もある。壬申の乱では砦が築かれた。トレンチ跡がある（田辺昭三氏）。後円部に凹みがあり、盗掘跡だろう（附近村人の話）。宮内庁の管理にあるため詳細はわからない。

虎塚=茨城県ひたちなか市、墳長52mの前方後円墳で高松塚発見の翌年学術調査で装飾壁画が発見された。白色粘土を下塗りした玄室に、赤色顔料で連続三角文、環状文、大刀、槍など武器類、鞆飾り、鐙など複雑多岐な文様が鮮やかに描かれ、弔い送る古代人の心が伝わる。装飾壁画古墳は九州と茨城の間では発見されていない、謎の一つである。石川明氏（遼陽教育隊同期）から知らせのあった虎塚公開の日は、折から篠つく雨が幸いして見学者の影もなく、ゆっくり時間をかけて観察できたが係員がガンとして撮影を許さなかった。JR勝田駅から同氏令息の車のおかげで、十五郎穴と鏡塚、車塚（大洗町）まで悪天候にかかわらず見学することが出来た。
ただ虎塚への途中、破壊された数基の古墳石材が畑の中に痛ましい姿を残していた。

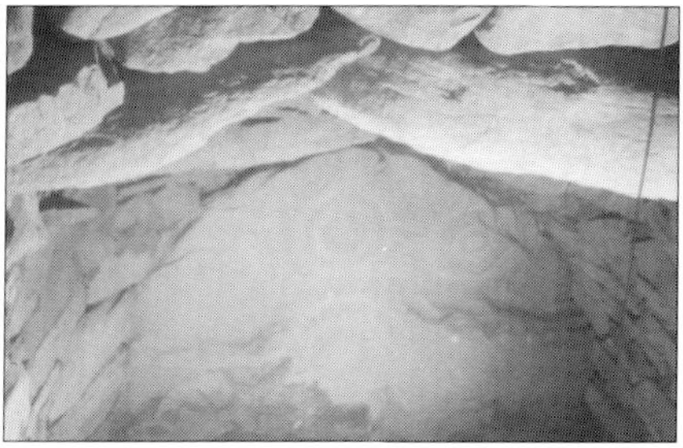

日の岡古墳

これほど美しい装飾を、こんな状態で護れるのだろうか。もっと保存処置がないものだろうか、と珍敷塚の現況と考え合わせて懸念された。

竹原古墳

2度訪れ10度ほどシャッターを切ったが、厚いガラス窓越しではシャープに撮れなかった。

北九州市考古博物館に展示の奥壁のレプリカを撮影させて頂いた。

前室に朱雀、玄武がある。閉塞石にはおそらく白虎が描かれていただろう。

虎塚

どうしても撮影を許されなかったが、地元発売のテレカを石川氏から頂いた。

その雰囲気のわずかだけ察することができる。

■乙塚のこと

毎日グラフ別冊「古代史を歩く」は1986年10月から約2年の間に、12巻を逐次発行している。まだ古代遺跡のガイドブックの少なかった頃で、古墳に限らず幅広い年代の遺跡をとりあげた格好の書であり、各地の古墳を巡る際には読み返し、極めて大雑把な地図を参考にして車を走らせた。

そのNo.10「伊勢、美濃」の刊行は1988年でそれを参考に野古墳群（大野町)、昼飯大塚（大垣)、乙塚、段尻塚（土岐)、身隠山、長塚（可児)、琴塚、柄山（岐阜）を岐阜駅前からレンタカーで巡ったが、1泊2日で可成り強行軍だった。

乙塚への道を尋ねた地元の人から「古墳ならこの近くにもあるんだ」と教わったのが炭焼古墳で、墓地の中にあり大きく変形しているが「円墳」であることは容易に推測できた。が、石室の中にベンガラ状の朱の跡が見受けられ、エッ、これは？と驚き「装飾？」と記録している。

どうしてこんな処に装飾石室があるんだろう、わからないまま次に訪れた乙塚は径27mの円墳に過ぎないがその玄室は高さ2.7m、幅2.6m、長さ5.2mを計る大きい空間をもち、奥壁は幅2.7mの一枚の巨岩で構築されている。

墳丘規模に比して大きな横穴式石室、巨石、6世紀の築造であろうが玄室奥の左右壁には炭焼古墳ほどでないが確かに朱、その痕跡を認めたとき、鮮やかな朱に覆われた巨石石室の佐賀の外園古墳を思い起こした。

外園古墳の朱に比すれば色は淡いが、この程度の朱を残す石室は岡山県の山間部、北房町にもあった。

どうして巨石石室の朱が九州から岡山の山間部を経て美濃の地まで伝播したものだろうか？　東海地方では石室を酸化鉄で一面に朱を塗布した「二又一号」が知られているが、それ以外にも存在したのだろうか？

永い間の疑問でありまた「新事実の発見」に一瞬心がぞくぞくしたが、土岐市教育委員会・林氏から「石室材の花崗岩に鉄が含まれている。その鉄分が表面に浮き出て酸化、赤くなったものらしい」と教えていただいた。

古墳観察に地質学の知識まで必要とは大変だが、考古学は各方面の専門知識の結集で新しい成果を生むものだ、と改めて認識した次第である。

乙塚から北西60mほどの地にある径12.8mの円墳・段尻巻古墳を前述の「古代史を歩く」で国立大学某教授は「乙塚の陪冢」と明記しているが、とてもこれを陪冢とは考えられなかった。そのため「第7章　各地の陪冢」では除いたが、土岐市教委の見解も「陪冢」には否定的で「両墳が一括して国指定史蹟」の認定をうけたため主墳と陪冢の関係、と誤解されたものらしい。国立大学教授の署名文であるだけに、より正確に記して頂きたい。

同様に乙塚写真のキャプションに「乙姫さまの墓という伝承からこの名がついた」と述べている。乙姫といえば昔話・浦島太郎を連想するが、京都丹後・寛平法皇陵古墳に伝説が残っている。

しかしこの乙姫は日本人の幼心に残るロマンスでなく、日本書紀に景行天皇が美濃へ行幸の際、側近のすすめで弟媛を妃に迎えようとしたが弟媛が辞退、弟媛のすすめで姉の泳宮《ククリノミヤ》を妃に迎えた、とあるがその弟媛が訛化した乙姫を祀る伝説によるものらしい。4世紀の景行天皇が迎えようとした弟媛の乙塚が6世紀の築造である。このとりあわせをどう考えればよいものだろうか。

やはり古墳は「歴史を明らかにするため」発掘調査をせね

ばならぬだろうが、一方では「破壊」と叫ぶ輩もでてくることだろう。

■明十三陵で考えたこと

中国・明は漢民族が1368年に元を滅ぼして興した王朝で、1400年代のはじめころ永楽帝が南北に勢力を拡げるとともに北京に都を遷した。以後滅亡するまでの約200年間、13代の帝王の墓が西北約40kmの郊外に並んでいる。

そのひとつが発掘され北京観光ルートになって公開されている。まさに「地下宮殿」の表現に相応しく、小さな墳丘の下にこれほど豪華な施設、工事がなされていたとは想像もつかぬほどで、贅をつくした王、王妃の暮らしが偲ばれる。

残る12陵は未調査で、その入口すらわかっていない、と聞いた。

（現在、定陵に次いで長陵も公開されているそうだ。）

慶州の王陵も墳丘規模に比して主体部、埋葬施設は地下深くガードされていた。それでも死者がもっとも恐れた“発掘・盗掘”を免れることはできなかった。

秦・始皇帝陵もエジプトのピラミッドも同じく発掘の洗礼をうけている。

現在「仁徳陵」と呼ばれる「大仙古墳」はその面積では全国1位、体積では誉田山に次ぐ巨大墳であるが明治期に入るまでに既に主体部は発掘されており、明治5年に当時の県令税所篤によって前方部石室が発掘されている。

5世紀末ごろまでの古墳—むろん大仙陵も—の埋葬施設は、地表に近い竪穴式であった。古墳時代から遡る弥生時代も縄文期も、そしてその以前の石器時代も、地表近く埋葬するのは太古からの伝統であったろうが、古墳時代になって大型墓が造られるようになっても、その風習が続いたのは、生前に造られる「寿陵」のためかも知れない。

日本書紀に「仁徳天皇の67年冬10月、河内石津原（現在の堺市石津附近）に行幸されて陵地を定め、18日にはじめて陵を築いた」と寿陵の旨の記述があり、「古墳の多くは寿陵である」と説く研究者も居る。

死者を弔う殯《モガリ》もあったろうが、防臭剤、防腐剤、ドライアイスのない頃に強烈な屍臭は通常の神経では耐え得るものでなく、既に完成していた陵に日数を経ず祀り、霊を祭る儀式儀礼はそれと併行して行なったものではなかったろうか。

殯は「喪あがり」であろうが、殯は屍臭のただよう中で長期間行なったものだろうか。まだ調べねばならぬことが多い。

首長は己の権力が誇示できる間に人民を動員し、その証の「墳丘」を造る努力をしただろう。またその首長より権力の強い王から技術など応援を得ることによって、更に権力を顕示することができたであろう。

生前に寿陵を築く、築かねばならぬ意図が見えるように思われる。

またその権力を継承する者は王者の没後、速やかに先王を埋葬し、首長権継承の儀礼を行なうために埋葬施設を地下深くの個所へ予め造ることはできず、地表に近い個所に設けざるを得なかった。

墳丘を巡る周濠は採土とともに、盗掘発掘を防ぐための施設でもあった。

前記研究者の説の通り古墳の多くは寿陵であったとすれば、速やかに埋葬するため施設を地下深く造っておくことはできず、地表近くになるのは当然で、それが普通であったことだろう。

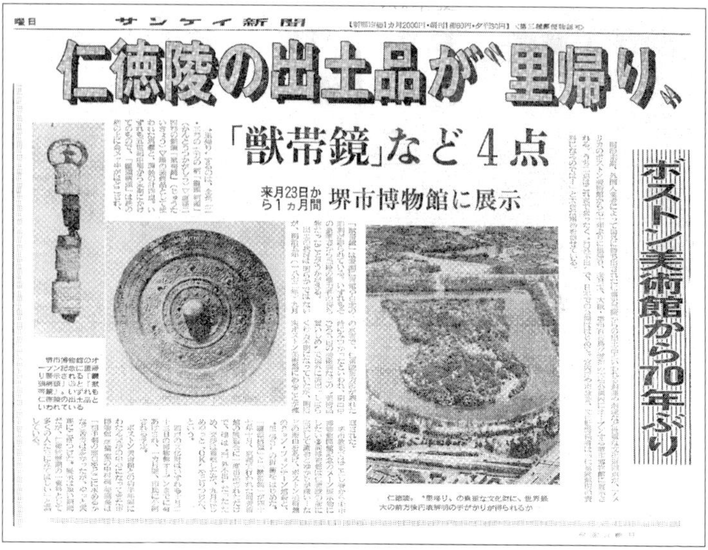

サンケイ新聞

仁徳陵の出土品が"里帰り"

「獣帯鏡」など4点

来月23日から1ヵ月間 堺市博物館に展示

ボストン美術館から70年ぶり

1980年9月17日　産経新聞

大仙陵についてもう少しつけ加えれば、「伝仁徳陵」の被葬者が「仁徳」であるとは証明されていない。

仁徳天皇の在位は日本書紀では313～399年、古事記では崩御427年。唐に使いをだした倭の五王のうち「讃」とみれば5世紀前半、「珍」とすれば5世紀前半—中期。出土した埴輪は5世紀後半。明治5年に前方部で発掘された石棺の形式は5世紀中頃—6世紀、そしてそのとき盗掘され？現在ボストン美術館所蔵の環頭大刀、鏡は6世紀前半とみられ、被葬者の特定はおろか築造時期でも、仁徳の子、履中の陵と伝わる「上石津ミサンザイ古墳」が大仙陵に先行する、と定説化している。

大仙陵主埋葬部の詳細は「仁徳陵」（中井政弘　創元社、1992）にくわしい。そして上記2点を含む出土品4点が1980年10月、堺市博物館オープンの目玉としてボストンから里帰りしている。

墳丘、墓域の広大な点は日本の古墳の特徴でもあるが、埋葬の考えが外国と異なることが、日本的特徴ともいえるだろう。

明十三陵のひとつを眺めながら、そんなことを考えていた。

■森将軍塚、あんずの里

1999年春「ひと目10万本・更埴のあんず、高遠城趾の桜、万座温泉・残雪の露天風呂」安い料金の割りに内容豊富なバスツアーに参加したが、森将軍塚が見えるかも知れない、と密かに期待していた。

1987年10月、車にアマ無線機（コールサインＪＨ３ＳＬＱ）を登載して払暁にスタートした。

長野市郊外の旧更級郡信更村で縄文中期石器を採取して以来の信州行きで、コース予定は安坂将軍塚（安積町）、森将軍塚（更埴市）、大室古墳群（松代町）、弘法山（松本市）、川柳将軍塚、姫塚（長野市）、少々欲張った1泊2日の行程であった。

修復中の森将軍塚後円部

同じ職場にいた塚田邦昭氏から「信更村でリンゴ畑を開墾したとき、埋もれていた土器の破片で畑一面が黄色く変わった」と聞いて早速出かけた。その頃から10年以上も経過していたが「火焔型土器片」と畑の一隅に積みあげられた石の中から「半磨製石斧、石包丁」数点を拾い集めた。そして農家の庭先にころがっていた石、貴重な石皿をもらいうけた。

石包丁　縄文中期　鋭利に仕上げてある。

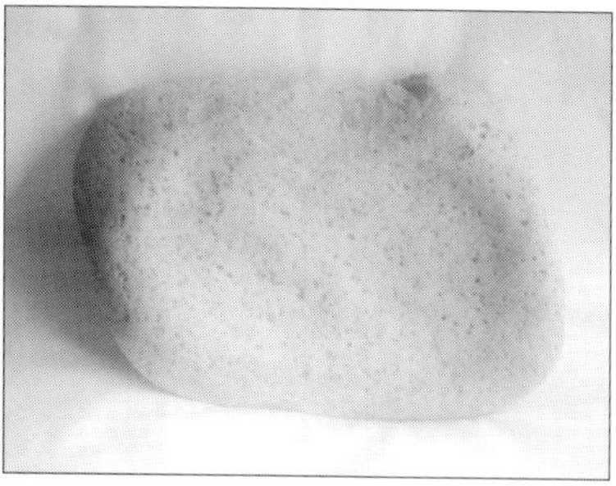

石皿　縄文中期　中央部を凹ませている。
30cm×19cm

集落から少しはなれた発電所側に掘削した水路の断面に貝塚の層が露出していた。烏貝のような黒色、大型、二枚貝だった。貝塚といえば海浜沿いが多いが、淡水貝の貝塚もあることは余り知られていない。

庭に放し飼いの鶏の餌にするため、ここの貝殻を採るのが子供の仕事だったそうだ。

上記の採取した石器は帰路立ち寄った平出考古館学芸員から「縄文中期の石器に相違ない」とお聞きした。

信州の古墳は何れも高地にあって、そこに辿りつくまでがきつい。森将軍塚も例に洩れず麓から130mの高所、善光寺平を見渡せる丘陵の先端に被葬者を祀る主体の後円部を設けている。

やせ尾根を活かした前方部は可成り折れ曲がっているが、「己が治めた地を見渡していたい、オレの場所はここだ」生前にその位置を決めたであろう被葬者、首長の強い意志の表われであることが察せられる。

墳裾部を中心に約100基の小型埋葬群があったことも、被葬者の強大な権力をうかがうことができる。

魏志倭人伝に「卑弥呼の死に際し径百余歩の塚を造り、奴

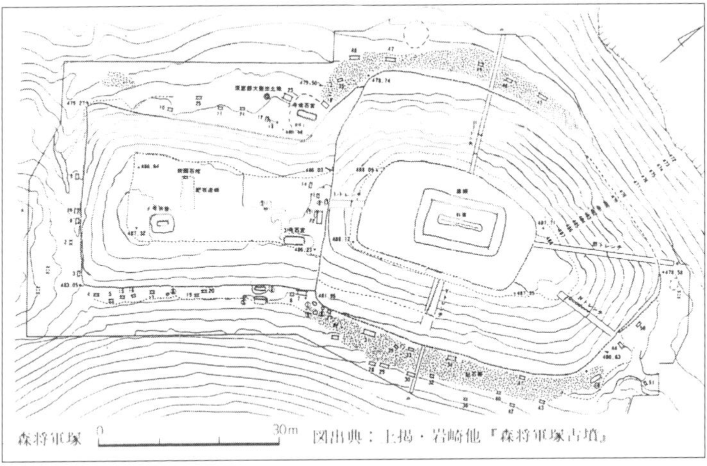

森将軍塚（前方後円墳集成）　ヤセ尾根に従って主軸線がずれている。

卑百余名が殉死」と記されているが、或いはここ森将軍塚が似たものであるかも知れない、と想いが走る。

訪れた頃は住民の保存運動が稔って調査・修復工事中であった。後円部に立ち葬られた首長の思いを偲びながら四囲を眺めていると、前方部から一頭のカモシカがトコトコ小走りに近づいて来る。

古墳探訪でコウモリ、蛇には驚かされたことはあるがカモシカは初めてだ。後円部に佇立している人間を樹か柱と思い込んだのか、用心深いカモシカが警戒の素振りなく5mほどに近づいたにはこちらが驚いた。

写真！と思ったがいかんせん、当時携行したカメラはオートフォーカスでなくピント、絞り、スピードなどすべて人動式、動かした右手に気付いて90°向きを変え墳丘を駈け降りブッシュに姿を消した。写真はその瞬間、お尻の一部が写っただけだった。

そんな思い出のある森将軍塚は、葺石が白く輝く後円部が車窓からハッキリ見えた。

今みても充分に威圧感がある。4世紀半ば全長約100mの巨墳は人々を畏怖するに充分過ぎる存在であっただろう。

市民運動の成果が稔りいまは「科野の森歴史公園」に整備され、森将軍塚館そして「かもしか広場」もあるそうだ。

このツアーで森将軍塚を仰ぎ見ることができたのは幸いだった。

そしてあとひとつ、杏の花にかかわる思い出を記して本書のしめくくりにしたい。

中国遼寧省の春は蒙古からの黄砂が納まる5月中旬ころに訪れる。民家の土壁の内に咲く杏に遠くはなれた祖国日本の桜、ソメイヨシノを連想した。

1945年のそのころは戦局日々に悪化していた。勝つ、とは思いもしなかったが負けることは全く考えていなかった。ただ生きているうちに戦争が終わることはない、戦争が終わるのは死んだあと、終わるまで命は保たない、と覚悟をしていた頃に演習場への往復に見える一本の杏に、家郷の想いを掻きたてられた。

第一線小隊長要員のきびしい速成教育で、火力の乏しい我が軍は敵陣に接近肉弾攻撃が重視され、雨の日は全身泥人形のように、厳寒の日は手足の凍えに耐え、ひたすら地上を低く這って前進する。歩兵とは「匍兵」であり、敵30トン戦車に対しては10kgの黄色火薬を胸に抱いてキャタピラ目がけて飛び込む。無論生還し得ない「命と引き換え」の特攻戦法がとられていた。

日本の対戦車砲は日本軍戦車クラスには威力を発揮したが、

米ソ30トン戦車に対しては近距離でも「かすり傷」程度しか与えることができず、肉弾攻撃が唯一の戦法とされたが、1945年8月9日ソ連侵攻時には、その火薬すらゼロ、生に対して絶望的な日々であった。

殺伐な中にあって僅か数日間の開花に過ぎないが、父母弟妹、そして指一本ふれることもなくサヨナラも告げられなかった女性、みんな元気でいるだろうか、叫びたくなる郷愁に繋がった杏の花だった。

よくぞ今日まで生きてこれた。杏の想い出をたどりながら、ほのかな匂いただよう丘に立っていた。

あとがき

古墳を数多く巡ってさえおれば、そのうち何かが判ってくるだろう、古墳が語ってくれるだろう、と古墳巡歴だけが目的だった頃があった。そして30年近い歳月がたった。

群集墳や横穴墓の1基ずつを数えれば、全国15万基とか20万基といわれる古墳の1%を越える数の古墳を見てきた。

そして邪馬台国、古墳関係の書籍すべてを 師 と決めていた。全書皆師、書籍を師と心得れば、多くの師に恵まれていたことになる。

1948年、没人道のソ連から復員、翌年4月に大阪新聞社入社以来、産経新聞、再度大阪新聞、サンケイ広告社と一貫して系列の広告営業を歩みながら古墳、遺跡を見る機会、ゼミナール受講の時間だけは捻出してきた。

現地説明会、東アジア古代文化を考える大阪の会、関西大学考古学入門講座、飛鳥史学文学講座、阪急文化セミナーなどでは、広い分野の講師から多くの知識を得ることができた。またたったの一日だが古墳発掘調査に参加させて頂き、奥深いことを教わった。

古代はまだ解決されない部分が広く深く、多くの疑問が湧きあがる。自分の足で巡った古墳の記録を残すつもりでいたが、ペンをとると思わぬ方向に進み予定の枚数になってしまった。

まだまだ考え、理路を整え自分なりに答えをださねばならぬ点は多いが、今やっておかねば私に残された歳月はそれほど多くはない。

一応のくぎりをつけ、このあと考え改めることはその時に糺していこう。

叱声あるいはご意見を「浪速社」宛、あるいは

oh-kiyo@rio.odn.ne.jpに頂ければ、これまた幸い、望外のよろこびである。

書名が松本清張氏の名著『古代史疑』に仮名書きで似る点にためらい、こだわりがあった。

稿をまとめるにあたって多くの機関、研究の方々のご教示をいただきました。失礼とは思いますが巻末にご芳名をあげて感謝の意を表します。

有難うございました。

2001年10月6日

井戸　清一

■ご協力ご教示いただき、有難うございました■

宮崎	宮崎県総合博物館西都原資料館	山本琢也氏
	新富町教育委員会	
大分	臼杵市教育委員会	神田高士氏
	三重町教育委員会	諸岡　郁氏
	大分市教育委員会	讃岐和生氏
佐賀	白石町教育委員会	渡部俊哉氏
	大和町教育委員会	
	三田川町教育委員会	
熊本	熊本県立装飾古墳館	林田登之氏
福岡	北九州市教育委員会	関川　妥氏
	津屋町教育委員会	池ノ上宏氏
	新宮町教育委員会	
山口	阿東町教育委員会	吉松和彦氏
広島	広島市教育委員会	
岡山	庄原市教育委員会	谷本　寛氏
	岡山市教育委員会	神谷氏
	〃　〃	出宮徳尚氏
	勝田町教育委員会	小林弘明氏
	津山の里文化財センター	小郷利幸氏
島根	益田市教育委員会	本原　光氏
	県教育庁文化財課	
	出雲市教育委員会	片倉愛美氏
鳥取	米子市教育委員会	
愛媛	今治市教育委員会	
	綾歌町教育委員会	新居　勉氏
兵庫	姫路市教育委員会	
大阪	枚方市教育委員会	田中史生氏
	大阪府文化財調査研究センター	
	美原町教育委員会	
	高槻市教育委員会	
	堺市教育委員会	鹿野氏
奈良	桜井市教育委員会	清水真一氏
	河合町教育委員会	吉村公男氏
	大和高田市役所生涯学習課文化財係	
三重	上野市教育委員会	
	明和町教育委員会	
京都	綾部市資料館	近沢豊明氏
	網野町教育委員会	小山元孝氏
福井	松岡町教育委員会	
	福井市教育委員会	樟本立美氏
岐阜	土岐市教育委員会	林氏

石川	寺井町教育委員会	小坂清俊氏
	鳥屋町教育委員会	
	押水町教育委員会	
富山	高岡市教育委員会	山口辰一氏
長野	長野市教育委員会	
静岡	掛川市教育委員会	
神奈川	海老名市教育委員会	
	川崎市教育委員会	
群馬	藤岡市教育委員会	
	太田市教育委員会	阪本寛明氏
	かみつけの里博物館	
	前橋市教育委員会	小嶋氏
	高崎市教育委員会	星野氏
千葉	市原市ふるさと文化課	
	長南町教育委員会	
	横芝町教育委員会	
	我孫子市教育委員会	岡村真文氏
	佐原市教育委員会	
茨城	上高津貝塚ふるさと歴史の広場	石川　功氏
	石岡市教育委員会	
	霞ヶ浦町郷土資料館	
	大洋村教育委員会	
	ひたちなか市教育委員会	
	玉里村文化センター	小玉秀成氏
栃木	小山市教育委員会	
宮城	名取市教育委員会	
	村田町歴史資料館	石黒伸一郎氏
	丸森町教育委員会	
山形	川西町教育委員会	
福島	須賀川市教育委員会	菅野和恵氏
	会津坂下町教育委員会	
	会津若松市教育委員会	近藤真佐夫氏
	石川町教育委員会	近内栄晴氏
埼玉		巻川善八氏
千葉		薄田英明氏
群馬		相場伊勢男氏
東京		高田正一氏
茨城		石川　明氏
兵庫		野津健治氏
マツダデザインワークショップ		松田　勤氏
図書出版	浪速社	杉田宗詞氏

■参考文献■

僕は考古学に鍛えられた	森浩一	筑摩書房	1998
珍説奇説の邪馬台国	岩田一平	講談社	2000
銅鐸の世界展	神戸市立博物館		1997
銅鐸	佐原真	日本の原始美術7	
銅鐸の谷	アサヒグラフ		1997
大王と古墳	原島礼二	学生社	1975
誰も書けなかった邪馬台国	村山健治	佼成出版社	1978
古市古墳群と河内王朝	羽曳野市教委	河内飛鳥シンポレジュメ	1987
風土記の世界	志田諄一	教育社	1971
魏志倭人伝	山尾幸久	講談社	1975
卑弥呼の墓	原田大六	六興出版	1977
卑弥呼の鏡	原田大六	六興出版	1979
卑弥呼は大和に眠るか	大庭博	文英堂	1979
卑弥呼と邪馬台国	安本美典	PHP	1983
発掘された古代の在銘遺宝	奈良国立博物館		1989
埴輪	伊達宗泰	カラーブックス	
はにわの動物園	千賀久	カラーブックス	
兵庫県の歴史	八木哲浩ほか	山川出版	1971
稲作文化の流れ	弥生文化博物館開館記念シンポレジュメ		
遺跡保存の事典	文化財保存全国協議会	三省堂	1990
18ポイントで読む日本史	武光誠	PHP	2000
古墳	末永雅雄	学生社	1968
古墳	森浩一	カラーブックス	
古墳	堅田直	光文社	1993
古墳文化小考	森浩一	三省堂	1973
古墳の謎	田辺昭三	小学館	1972
古墳の視点	斎藤忠一	学生社	1980
古墳とヤマト政権	白石太一郎	文芸春秋	1999
古墳探訪	鈴木亨	中央公論社	1998
古墳の話	小林行雄	岩波書店	1966
古墳発生前後の古代日本	石野博信ほか	大和書房	1987
古墳と地方王権	小林三郎	新人物往来社	1992
古墳時代の考古学	白石太一郎ほか	学生社	1998
古墳時代の考古学	森浩一ほか	学生社	1970
古墳辞典	小林三郎ほか	東京堂	1982
古墳時代の知識	白石太一郎	東京美術	1985
古墳はなぜ造られたか	石野博信ほか	大和書房	1988
古墳の航空大観	末永雅雄	学生社	1999
古墳の編年	季刊考古学		1985
古代を考える　古墳	白石太一郎	吉川弘文堂	1989
考古学辞典	水野清一ほか	創元社	1976

考古学の化学10章	馬渕久夫ほか	東京大学出版会	1994
古墳時代の鏡　埴輪　武器	樋口康隆	学生社	1994
巨大古墳の世紀	森浩一	岩波書店	1981
巨大古墳と倭の五王	原島礼二	歴博ブックレット	1999
古代探求	森浩一ほか	中央公論社	1998
古代日本はここまで見えてきた	大塚初重ほか	同文書院	1999
古代日本がわかる辞典	山岸良二ほか	日本実業出版	1999
古代遺跡一○○	岡村道雄ほか	成美堂出版	2000
古代史津々浦々	森浩一	小学館	1993
考古学キーワード	安蒜政雄	有斐閣	1997
考古学探訪基礎用語	田村晃一	山川出版	2000
古代史のウソ	武光誠	世界文化社	1999
古代史の窓	森浩一	新潮社	1995
古代天皇と巨大古墳の謎	歴史読本臨時増刊		1986
古鏡	小林行雄	学生社	1969
米と古代文化	大阪市立博物館		1984
まぼろしの邪馬台国	宮崎康平	講談社	1967
目からうろこの古代史	武光誠	PHP	2000
謎の女王　卑弥呼	田辺昭三	徳間書店	1968
日本古代史王権の最前線	別冊歴史読本	新人物往来社	1997
日本二千年の人口	鬼頭宏	PHP	1983
日本の古墳、古代遺跡	西東社出版部		1999
日本の遺跡	森豊	毎日新聞社	1969
日本の遺跡50	佐原真	朝日新聞社	1994
日本の古墳（東・西）	森浩一編	有斐閣	1981
日本の古墳一○○選	竹石健二	秋田書房	1973
日本史資料	日本史教育研究会	吉川弘文堂	1997
仁徳陵	中井政弘	創元社	1992
大阪の史蹟をたずねて	大阪民主新報	ナンバー出版	1973
岡山の古墳	鎌木義昌	日本文教出版	1972
論争邪馬台国	森浩一ほか	平凡社	1980
最新「邪馬台国」論争	安本美典	産能大学	1997
最新邪馬台国事情	寺沢薫、武末純一	白馬社	1998
空からみた古墳	森浩一	学生社	2000
石棺から古墳時代を考える	間壁忠彦	同朋舎出版	1994
三角神獣鏡の死角	武光誠	新講社	1997
三角縁神獣鏡綜鑑	樋口康隆	新潮社	1992
天皇陵を発掘せよ	石部正志ほか	三一書房	1993
天皇陵未知なる遺産	歴史読本		1992
天皇陵古墳	森浩一	大巧社	1996
田能	村川行弘	学生社	1967
椿井大塚山と三角縁神獣鏡	京都大学文学部		
テラスで読む邪馬台国	武光誠	日本経済新聞	1996

楽しい古墳めぐり	瀬川芳則	松籟社	1994
大和の政権	水野裕	教育社	1977
大和政権への道	古代史シンポ	日本放送教育協会	1991
大和王朝と巨大古墳のナゾを解く	猪熊兼勝、和田萃	現代	1993
邪馬台国	榎一雄	至文堂	1960
邪馬台国論争に決着がついた	安本美典	JICC	1992
邪馬台国から古墳発生へ	原島礼二	六興出版	1987
邪馬台国は大和である	肥後正雄	秋田書房	1971
邪馬台国は古代大和を征服した	奥野正男	JICC	1990
邪馬台国見聞録	安本美典	徳間書店	1992
邪馬台国物産帖	柏原精一	河出書房	1993
邪馬台国論争	岡本健一	講談社	1995
大和の政権	水野裕	教育社	1977
前方後円墳集成（5巻、補遺編）	近藤義郎ほか	山川出版社	
前方後円墳築造の研究	石川昇	六興出版	1989
前方後円墳観察への招待	近藤義郎	青木書店	2000
続天皇陵を発掘せよ	石部正志ほか	三一書房	1995

著者プロフィール

井戸清一（いど きよかず）

産経新聞大阪本社広告部に勤めていた1964年、東京オリンピックが開かれ、東海道新幹線が走りはじめた年、欧米市場視察の好機に恵まれ、その帰路ローマ、ポンペイ遺跡、ピラミッド、カイロ博物館を見学した。

後年、萬里の長城、秦始皇帝陵を訪れ、これで積年の念願を果たすことができたが、感銘とともにこれらの地が強大な勢力を誇り文化栄えた頃、我が国のご先祖は何を考え、どのように暮らしていたのか？沸々と疑問が起きてきた。

飛鳥地方の探訪から始まり、各地遺跡を辿るうち、重点が卑弥呼の時代から古墳時代になり現在に至った。

産経関連退職後に興したミニ企業も再度リタイヤの機を迎えた。1923年生まれ、喜寿の関所も通過したいま、要約筆記研修を1年間つづけ、少しはお役に立ちそうである。そして更に新しい生き甲斐を模索している。

なおカバーをふくめ本書の写真はすべて自分で撮ったものを活用した。

古《こ》墳《ふん》私《し》疑《ぎ》
―アマにはアマの視点・疑問がある―

二〇〇一年十一月十六日　初版第一刷発行

著者
井戸清一

発行者
杉田宗詞

発行所
図書出版　浪速社
〒五四〇-〇〇三七
大阪市中央区内平野町二―二―七
電話　（〇六）六九四二―五〇三二（代）
ＦＡＸ（〇六）六九四三―一三四六

印刷・製本
亜細亜印刷（株）

Printed in Japan　ISBN4-88854-414-X C0020